D1697179

**reinhardt**

© 2010 Friedrich Reinhardt Verlag, Basel
Projektleitung: Beatrice Rubin
Gestaltung: univoc GmbH
Druck: Reinhardt Druck, Basel
ISBN 978-3-7245-1608-8

www.reinhardt.ch

# Das Kochbuch der Naturparkwirte im Schwarzwald

Klaus-Günther Wiesler (Hrsg.)
Lothar Burghardt (Hrsg.)
Roland Krieg (Fotografien)

Friedrich Reinhardt Verlag

# Vorwort

Liebe Leserin, lieber Leser

Der Schwarzwald ist wohl das beliebteste Urlaubsgebiet der Deutschen, aber auch aus den angrenzenden Nachbarländern Schweiz und Frankreich, ebenso aus Belgien, den Niederlanden und Luxemburg, aus Asien und von Übersee kommen stetig mehr Erholungsuchende in die frische Schwarzwaldluft. Aber nicht nur der Luft wegen: Auch und gerade das gute Essen im Schwarzwald, die hervorragende Hotellerie und der herzliche Service sind Garanten für frohe und erlebnisreiche Ferien.

Da es immer auch anspruchsvolle Gäste waren, die den Schwarzwald wegen seines Klimas, seiner unberührten Natur oder seiner landschaftlichen Attraktionen besuchten, hat sich die Gastronomie aus der ohnehin bekannt guten badischen Küche – und durchaus beeinflusst aus dem nahen Elsass und der Schweiz – besonders positiv entwickelt: Heute besitzt der Schwarzwald die größte Dichte an Sterne-Restaurants im Lande!

In den letzten zehn Jahren haben sich Wirte, die ihren Gästen bevorzugt frische Produkte aus der nächsten Umgebung schmackhaft servieren, besonders profiliert. Mittlerweile sind es über sechzig **Naturparkwirte**, die spannende Gerichte aus den traditionellen Spezialitäten entwickelt haben. Sie sind übrigens auch ein zuverlässiger Partner der vielfältigen Erzeuger in Land- und Forstwirtschaft des Schwarzwaldes. So wird es ein vernünftiges Zusammenspiel von Agrarwirtschaft, Landschafts- und Naturschutz, Gastronomie und Hotellerie, quasi »Naturschutz mit Messer und Gabel«. Mit diesem Buch ist es erstmals gelungen, ausgewählte Kreationen der **Naturparkwirte** aus dem südlichen, mittleren und nördlichen Schwarzwald zu präsentieren.

Man kann ohne Übertreibung sagen, dass die ausgezeichnete und kreative Küche der **Naturparkwirte** im Schwarzwald zu einem Markenzeichen dieser Urlaubsregion geworden ist. Und ob Sie schon treuer Gast im Schwarzwald sind oder es erst werden wollen, wir wünschen Ihnen auf jeden Fall viel Vergnügen beim Nachkochen und Genießen!

Ihre Autoren Klaus-Günther Wiesler und Lothar Burghardt

# Inhaltsverzeichnis

So schmeckts bei den Naturparkwirten! 10
Die Naturparke Südschwarzwald und
Schwarzwald Mitte/Nord 12
Die Naturparkwirte 14
Die Schwarzwälder Küche 16

**Vorspeisen, Zwischengerichte und Salate** **19**
Forellensülze auf Radieschen mit heimischem Spargel 20
Bärlauchpfannküchlein mit Schwarzwälder Schinken
und Raspeln vom Gersbacher Käse 22
Carpaccio von der Buhlbachforelle 24
Wildleberterrine 26
Gebeiztes Bachsaiblingfilet mit Kräuterfrischkäse
in der Flädleroulade und Tartar
vom Bachsaiblingfilet auf Gurkencarpaccio 28
Roulade vom Saibling auf Basilikum-Apfel-Soße 30
Carpaccio vom Gutacher Freilandangus
an Walnussöl und Kräuteressig 32
Geräucherter Bachsaibling auf Salat
von rohen Spargeln und bunten Linsen 34
Eieromelett auf jungen Löwenzahnspitzen 36
Sunnewirbelesalat »altbadisch«
mit gebratenem Kalbsbriesle in der Eihülle 38

Canapés vom Gersbacher Frischkäse
und Räucherforelle mit Gurken-Meerrettich-Sülze 40
Schwarzwälder Schinken-Käse-Torte 42
Flädle von der Schuttertäler Bachforelle
mit Bioland-Rote Beete 44
Forelle in Marinade 46
Leberparfait vom Horbener Bio-Zicklein 48

**Suppen** **51**
Schaumsuppe aus Bärlauch oder Bärenklau
mit gebackenem Ei und Forellenkaviar 52
Brunnenkressesuppe mit Quarknocken 54
Rehgulaschsuppe 56
Kürbisrahmsuppe mit Walnussklößchen 58
Schwarzwälder Forellensuppe 60
Brennnesselsuppe mit gebackenem Biolandei 62
Rahmsuppe mit Göschweilemer Bergkäse 64
Petersilienschaumsüppchen mit Tartar
von Lachsforelle und grünem Apfel,
Felchenkaviar und krossem Speck 66
Tannenzäpflesuppe: Rahmsuppe vom bekannten
Rothaus-Bier mit karamellisiertem Malz 68

# Inhaltsverzeichnis

| | |
|---|---|
| Sauerampfersuppe mit Gänseblümchen und Wiesenschaumkraut | 70 |
| Rote-Beete-Suppe mit Korianderklößchen | 72 |
| Brennnesselsuppe | 74 |
| Maronensüppchen mit Vogelmiere | 76 |

**Hauptgang Fisch**    **79**

| | |
|---|---|
| Forellenfilet auf der Haut kross gebraten mit Waldmeister-Riesling-Soße | 80 |
| Forellenfilet im Speckmantel mit einer Sauerkrautfüllung auf einem Kartoffelsockel | 82 |
| Cordon bleu von der Forelle | 84 |
| Badische Forellenkrautwickel | 86 |
| Lachsforellenfilet auf Grünkernrisotto mit Bärlauchsoße | 88 |
| Geschnetzelte Schwarzwaldforelle auf Gemüsenudeln (mit frischen Pfifferlingen) | 90 |
| Täschchen vom Waller mit Zitronenlauch und Schnittlauchkartoffeln | 92 |
| Kross gebratenes Zanderfilet auf Rahmsauerkraut mit Schupfnudeln | 94 |

**Hauptgang vegetarisch**    **97**

| | |
|---|---|
| Grünkernküchle und Flädleroulade mit einer Füllung von Spinat, Hirse, Belugalinsen | 98 |
| Kürbisragout-Polenta | 100 |
| Pilz-Lauchzwiebel-Ragout mit feinen Nudeln | 102 |
| Mangold-Flädle-Roulade | 104 |
| Spinatknödel auf Schwarzwurzel-Pilz-Ragout | 106 |
| Steinpilze mit Renchtäler Frischkäse und Kirschtomaten | 108 |

**Hauptgang Wild**    **111**

| | |
|---|---|
| Rehrücken, in Bergwiesenheu gedämpft, Steinpilze und Pfifferlinge | 112 |
| Rotkrautroulade mit Hirsch-Vollkorn-Füllung, Kopfsalatnudeln mit Schlagrahm | 114 |
| Wildmaultaschen | 116 |
| Wildschweinbratwurst mit Schwarzkraut | 118 |
| Badisches Rehschäufele | 120 |
| Gerollte Wildschweinschnitzelchen mit Dörrpflaumen gefüllt | 122 |
| Rehbratwürste | 124 |

# Inhaltsverzeichnis

| | |
|---|---|
| Münstertäler Gamsrücken in Waldpilzcrêpe mit Schupfnudeln | 126 |
| Holzwälder Rehrücken mit handgeschabten Spätzle in Wacholderrahm | 128 |
| Heimisches Sommerreh mit Pfifferlingen und Blattspinat | 130 |
| Kaninchenrückenfilet im Schwarzwälder Schinkenmantel auf Gerstengraupenrisotto | 132 |

**Hauptgang Rind/Kalb**   **135**

| | |
|---|---|
| Tenderon von der Kalbsbrust, Kartoffelküchle | 136 |
| Rosa gebratenes Rinderfilet auf Bandnudeln mit Bärlauchpesto, Burgundersoße, gebratene Kirschtomaten | 138 |
| Hinterwälder Kalbsbriesle mit Pfifferlingen | 140 |
| Eingemachtes Kalbfleisch in Weißweinsoße mit Rüble und Erbsenschoten an Kartoffelstampf | 142 |
| Kalbskopf en tortue mit Salzkartoffeln | 144 |
| Gekräuterte Roulade vom Wälder Rind | 146 |
| Hinterwälder Rumpsteak unter Bärlauchkruste | 148 |
| Geschmorte Ochsenbäckle an einer Trollingersoße, dazu handgeschabte Bärlauchspätzle | 150 |
| Gaisburger Marsch | 152 |
| Kalbskutteln mit Morcheln an leichter Senfsoße und gebratenem Kalbsnierle | 154 |
| Rostbraten vom Weiderindfilet mit Spätburgunderzwiebeln, Mangold und Spätzle | 156 |
| Steak aus dem Rücken vom Gutacher Freilandangus, mit Nussbacher Bergkäse und Schwarzwälder Schinken gefüllt, dazu Brägele und Buschbohnen | 158 |
| Ochsenbäckle in Dunkelbier-Quitten-Jus auf Karottenstempel mit grünem Kartoffelpüree | 160 |

**Hauptgang Lamm, Zicklein**   **163**

| | |
|---|---|
| Lammrücken an Rotweinsoße mit gefüllter Zucchiniblüte und Herzoginkartoffeln | 164 |
| St.-Petermer Zicklein mit mariniertem Bioland-Sellerie | 166 |
| Markgräfler Milchlammrücken unter Huflattichkruste mit Bärlauchpolenta auf geschmolzenen Tomaten mit Veilchen | 168 |

**Hauptgang Schwein**   **171**

| | |
|---|---|
| Schweinelendchen in Weizenbiersoße, buntes Gemüse und Butterspätzle | 172 |
| Spargel-Panna cotta mit gegrilltem Ferkel auf Bärlauchöl | 174 |

# Inhaltsverzeichnis

| | |
|---|---|
| Gebackene Blutwurst in Bauernbrotpanade mit Apfel-Senf-Soße und Schupfnudeln | 176 |
| Badische Schinkenknöpfle | 178 |
| Kartoffelstrudel | 180 |
| | |
| **Käse** | 182 |
| Die Käseroute im Südschwarzwald | 182 |
| Ziegenkäse im Strudelteig | 186 |
| Schwander Frischkäseterrine mit sommerlichen Salaten und hausgeräucherten Schinkenspezialitäten | 188 |
| Ziegenfrischkäse mit Thymianhonig überbacken, dazu Rucolasalat | 190 |
| Frischkäse mit Erdbeeren | 192 |
| Käsemichel® | 194 |
| | |
| **Nachspeisen** | 197 |
| Karamellisierter Heidelbeerpfannkuchen | 198 |
| Erdbeertiramisu mit Rhabarberzabaione und Sumpfdotterblume | 200 |
| Heidelbeerbömble | 202 |
| Schwarzwälder Kirschtorte im Glas mit Kirscheis und Soße | 204 |
| Hefeweizen-Tiramisu | 206 |
| Original Schwarzwälder Kirschtorte | 208 |
| Geeiste Zwetschgensuppe mit Kabinettpudding | 210 |
| Erdbeertarte mit gebrannter Vanillecreme und Jogurt-Minze-Eis | 212 |
| Tannenhonig-Parfait mit Sauerkirschen | 214 |
| Crème brûlée von der zartbitteren und weißen Schokolade, mit Erdbeeren in Holunderblütensirup mariniert | 216 |
| Rhabarbertarte mit Parfait von Erdbeeren und Weißtannenhonig | 218 |
| Holunderblüten-Jogurt-Torte | 220 |
| Rhabarberauflauf mit Erdbeeren und Müsli-Eis | 222 |
| | |
| Landschaftspflege auf genussvolle Art | 224 |
| Glossar | 226 |
| Die Anschriften unserer beteiligten Naturparkköche aus dem Schwarzwald | 227 |
| Anschriften | 228 |
| Die Autoren | 231 |
| Bildnachweis | 232 |
| Dankeswort | 232 |

# So schmeckts bei den Naturparkwirten!

Erholung und Genuss gehören im Schwarzwald schon sehr lange zusammen. Schwarzwälder Kirschtorte, Forellen, Kirschwasser, Schinken und Tannenhonig sind die weltbekannten Spezialitäten, ohne die der Schwarzwald undenkbar wäre. Was wäre eine Wanderung oder eine Radtour ohne die krönende Vesper, wie die Brotzeit auf alemannisch heißt? Familiengeführte Vesperstuben, Straußenwirtschaften in Bauernhöfen und urige Dorfgasthäuser, aber auch Gourmettempel der sternenbekränzten Topgastronomie empfangen ihre Gäste auf charmante Art.

Viele der Schwarzwaldgasthöfe sind meist seit Generationen in Familienbesitz, der Chef kocht und die Wirtin bedient – man steht mit seinem Namen für das, was aus Küche und Keller auf den Tisch kommt. Lehrjahre in der Schweiz oder in Frankreich bringen neue Akzente, und seit Jahren gehört die Schwarzwälder Küche zu den besten im Lande. In diesem Buch gibt sie ihre Geheimnisse preis.

Der Gast im Schwarzwald genießt bei den Naturparkwirten den einmaligen Geschmack ehrlich zubereiteter Speisen aus Schwarzwälder Qualitätsprodukten und holt sich mit den Rezepten aus diesem Buch ein echtes Stück Schwarzwald nach Hause.

Einleitung 11

# Die Naturparke Südschwarzwald und Schwarzwald Mitte/Nord

Einst war der wilde Schwarzwald ein undurchdringlicher Urwald, den selbst die Römer fürchteten. Der erste Eindruck vom Schwarzwald heute: Natur pur. Von der fruchtbaren Rheinebene mit ihren Obstwiesen führt der Blick über die sonnigen Weinberge hinweg bis zu den Bergen. Oben wechseln sich die grünen Höhen mit den aus der Ferne schwarz wirkenden Wäldern ab, die dem Schwarzwald seinen Namen gegeben haben. Urtümlich, abwechslungsreich, genussvoll – das ist der Schwarzwald! Er gehört mit zu den schönsten Mittelgebirgsregionen, die es in Deutschland gibt, und besticht durch den Wechsel von dunklen Wäldern, romantischen Tälern und weiten Streuobstwiesen, bunten Bergweiden, stillen Seen und sprudelnden Bächen, durch seine Tradition und sein Brauchtum.

Im Südwesten Deutschlands gelegen, erstreckt sich der Schwarzwald von Pforzheim im Norden bis zum Rhein an der Schweizer Grenze. Nach Westen reicht er an die Vorbergzone, nach Osten bis nach Donaueschingen und Villingen-Schwenningen in die Quellgebiete von Donau und Neckar. Die Landschaft ist ein abwechslungsreiches Mosaik von Wiesen, Weiden und Wäldern, in der seltene Tier- und Pflanzenarten einen einzigartigen Lebensraum finden. Die Region der Schwarzwälder Naturparke ist aber nicht nur eine Natur-, sondern auch eine alte Kulturlandschaft, und so wird das reiche Brauchtum dieser Region gepflegt, wie sich zum Beispiel an der reichhaltigen, alteingesessenen Küche zeigt.

**Schützen durch Nützen!**
Die Naturparke Südschwarzwald und Schwarzwald Mitte/Nord wollen die Natur und Kultur durch ihre Nutzung schützen. Sie sollen auch künftigen Generationen zur Verfügung stehen. Denn der Schwarzwald ist eine der bekanntesten Erholungsregionen Deutschlands, die zahlreiche aktive Feizeitmöglichkeiten in einer Jahrhunderte lang gewachsenen Kulturlandschaft bietet. Beide Naturparke sind unerlässliche Impulsgeber, um das Motto «Schützen durch Nützen» praktisch umzusetzen. Zentrale Aufgabe der Naturparke ist es seit vielen Jahren, die Bewahrung der Schwarzwälder Kulturlandschaft mit der umweltfreundlichen Gestaltung einer touristischen Infrastruktur zu verbinden und eben auch die Vermarktung regionaler Produkte zu fördern. Die Naturparke fördern gezielt Projekte, bei denen regionale Erzeugnisse vermarktet werden. Dies ist eine wertvolle Unterstützung der Produzenten, und gleichzeitig wird die Region für den Besucher erlebbar. Besonders gut gelingt dies mit den Naturparkwirten, die mit ihrem Können beweisen, wie der Schutz einer Region zum Hochgenuss werden kann.

Die Naturparke Südschwarzwald und Schwarzwald Mitte/Nord heißen alle Gäste herzlich willkommen – genießen Sie den Schwarzwald!

www.naturparkschwarzwald.de
www.naturpark-suedschwarzwald.de

# Die Naturparkwirte

Den Erhalt der gewachsenen Kulturlandschaft des Schwarzwaldes sichern die Naturparkwirte auf eine besonders köstliche Weise. Bei ihnen werden gezielt Produkte, die in den Naturparken erzeugt werden, auf edelste Weise zubereitet, um mit Genuss verzehrt werden zu können. »Höchste Qualität und Landschaftspflege mit Messer und Gabel« heißt die Formel der Naturparkwirte. Dabei hat man die Gewissheit, eine Wirtschaftsform zu unterstützen, die seit Jahrhunderten dazu beiträgt, die wunderschöne Landschaft des Schwarzwaldes zu erhalten.

Unter dem Motto »Schmeck den Schwarzwald« haben sich über 75 Wirte zusammengeschlossen. Viele von ihnen präsentieren in diesem Buch Rezepte für geschmackvolle Naturparkgerichte aus ihren Häusern.

Ein Naturparkwirt bietet das ganze Jahr hindurch mindestens drei frische regionale Gerichte und ein regionales Menü auf seiner Speisekarte an. »Regional« bedeutet, dass die Hauptzutaten für die Gerichte aus den Naturparken selbst stammen, was jährlich durch die Baden-Württemberg-weite Aktion »Schmeck den Süden« kontrolliert wird. Die Herkunft der Produkte ist nachvollziehbar aus der Speisekarte zu entnehmen.

Die Naturparkwirte sind mit ihrer Landschaft und der Kultur des Schwarzwaldes eng verbunden und damit ideale Partner der Idee einer regionalen Vermarktung. Wenn sie in ihrer Küche heimische Produkte verwenden, dann tun sie das aus innerer Überzeugung. Denn durch das Zusammenspiel von den Erzeugern, den Gastronomen und den Gästen bleibt die Einmaligkeit der Schwarzwälder Landschaft erhalten. Alle arbeiten dabei eng zusammen. Und das ist auch ein Teil des Geheimnisses der Qualität und des Aromas ihrer Gerichte: hochwertige, regionale und frische Lebensmittel. Die Einladung gilt – machen auch Sie mit beim Landschaftsschutz mit Messer und Gabel!

# Die Schwarzwälder Küche

Heute gilt der Schwarzwald mit seiner regionalen Küche als Schlemmerecke Deutschlands. Den Köchen steht dabei eine breite Palette einheimischer Produkte zur Verfügung. Weiter zeichnet sich die Schwarzwälder Küche durch die Grenznähe zum französischen Elsass, zur Nordschweiz und auch durch die in manchen Regionen ununterbrochene 400-jährige Zugehörigkeit zum Hause Habsburg aus. Die Vorliebe für mannigfaltige Eierspeisen wie Pfannkuchen, Spätzle und andere Teigwaren oder die Linzertorte legen dafür ein kulinarisches Zeugnis ab. Der französische Einfluss war besonders in den 1950er- und 60er-Jahren spürbar. Heute kocht man selbstbewusst und bleibt sich und seiner Herkunft treu. Ein badisches Schneckensüpple, Spargel mit Kratzete, saure Kutteln und saure Leberle, Dampfnudeln oder Klassiker wie ein Schäufele im Brotteig oder ein Rehrücken Baden-Baden zeigen die möglichen Variationen und Entwicklungen der heimischen Kochkunst auf.

Dabei war die Bauernküche der Schwarzwälder lange Zeit eine Armeleuteküche. Saisonabhängig kam das auf den Tisch, was die Natur an kultivierten und wilden Früchten, Beeren, Pilzen und Gemüsesorten bereithielt oder das, was über die langen Winter hindurch an Eingemachtem und Geräuchertem haltbar gemacht wurde. Das selbst gebackene Brot, eine gebrannte Mehlsuppe oder geröstete Kartoffeln wurden zum Frühstück verzehrt. Zum »Znüni« – nach der Stallarbeit und dem Melken – gab es geräucherten Schinken und Speck oder Bibliskäs.

Suppen bestimmten das Mittag- und Abendessen. Gemüse- und Kartoffelsuppen, Flädlesuppen oder Ribbelesuppen boten etwas Abwechslung; an Feiertagen gab es Nudelsuppe und beim Schlachten Metzelsuppe mit Kesselfleisch, aus der mehr Fettaugen herausschauen sollten als hungrige Kinderaugen hinein. Die Zwischenmahlzeit um vier Uhr, das »Zvieri«, konnte schon mal aus einem süßen Honig- oder Marmeladebrot bestehen.

Aus den Tiefen der Schwarzwaldberge entströmt klares Wasser zum puren Genuss oder von den Schwarzwälder Brauereien zu schaumigen Gold verwandelt.

Berühmt sind auch andere »Wasser« der Region: Die Schnäpse und Obstbrände, wie beispielsweise das Kirschwasser, sind hervorragende Digestifs nach einem guten Schwarzwälder Essen.

Die idealen Essensbegleiter sind die süffigen badischen Weine, die an den Westflanken des Schwarzwaldes wachsen. Die Ortenau und das Baden-Badener Rebland bestechen durch ihren Riesling, der hier Klingelberger genannt wird. Der Kaiserstuhl ist das Land der vollmundigen Burgunderweine und im Markgräfler Land gedeiht der Gutedel vorzüglich, den der badische Markgraf aus Vevey hierher mitbrachte.

Die alten Schwarzwälder Rinderrassen – das Vorderwälder und Hinterwälder Rind – sind bekannt für aromatische Milch und besonders schmackhaftes Fleisch. Auch die traditionelle Feld-Gras-Wald-Wirtschaft im Schwarzwald wäre ohne die wiederkäuenden Vierbeiner nicht vorstellbar. Mit ihrer Hilfe sorgen die Schwarzwälder Bauern für eine abwechslungsreiche und schöne Landschaft, die dem Gast so manch attraktiven Ausblick über die typischen Berge, Wiesen und Wälder der Region gewährt.

Die Schwarzwälder Küche

# Vorspeisen, Zwischengerichte und Salate

»Zwischendurch was Leichtes« – so könnte das erste Kapitel überschrieben sein. Die hier folgenden Rezepte mag man durchaus so verstehen, dass sie sowohl als Vorspeise wie auch als Zwischengang in einem mehrgängigen Menü fungieren können.

Schließlich darf man sie auch als leichte Kost für einen Entlastungstag nützen, wenn man nicht unbedingt fasten will, die Kalorien reduzieren möchte, aber die Geschmacksnerven dennoch zufrieden stellen will!

Fisch in verschiedensten Variationen ist dabei der Garant für fettarme, proteinreiche und leicht verdauliche Kost.

# Forellensülze auf Radieschen mit heimischem Spargel

6 Blatt Gelatine, ½ l Fischfond, Dill, Kerbel, 1 Eiweiß,
100 g Zucchini, 100 g Karotten, 6 geräucherte Forellenfilets,
250 g Forellenkaviar, 250 g Radieschen, 1 Schalotte,
50 ml Balsamico hell, 30 ml Distelöl, Salz, Pfeffer, Zucker,
1 Bund heimischer Spargel
(für Form mit 1 Liter)

## Hotel Nägele, Höchenschwand

Die Gelatine in kaltem Wasser einweichen. Die Stiele der Kräuter, das Eiweiß und den Fischfond langsam erhitzen. Durch ein Tuch passieren. Die Karotten und die Zucchini in kleine Würfel schneiden und kurz im Salzwasser blanchieren. Die Gelatine im warmen Fond auflösen und den Boden der Terrinenform dünn ausgießen und erstarren lassen. Die Hälfte der Forellenfilets, Gemüsewürfel, klein geschnittene Kräuter und Kaviar darauf verteilen. Mit etwas Gelee auffüllen und erneut erstarren lassen. Mit der anderen Hälfte der oben genannten Zutaten aufschichten und mit dem restlichen Fond die Sülze vollenden. Einige Stunden kalt stellen. In der Zwischenzeit 200 g der Radieschen fein hobeln. Schalotte und den Rest der Radieschen in feine Würfel schneiden, mit Öl und Balsamico vermischen, mit Salz, Pfeffer und einer Prise Zucker abschmecken. Den Spargel in dem mit Salz, Zucker und Öl abgeschmeckten Wasser gar kochen. Die Sülze stürzen, in ca. 1,5 cm dicke Scheiben schneiden. Die gehobelten Radieschen rings um den Tellerrand verteilen, die Sülze in die Mitte setzen, das Dressing über den Radieschensalat verteilen und mit heimischem Spargel ausgarnieren.

Vorspeisen, Zwischengerichte und Salate 21

# Bärlauchpfannküchlein mit Schwarzwälder Schinken und Raspeln vom Gersbacher Käse

**2 Eier, 4 EL Mehl, 2 EL Bier, 4 EL Milch,
Salz, Pfeffer, Muskat, 5–6 EL fein geschnittenen Bärlauch,
Butter zum Braten, 12 Scheiben Schwarzwälder Schinken,
60 g Käseraspeln aus Gersbacher Käse,
2 EL geschlagene Sahne, 2 EL Tafelmeerrettich
(Rezept für 4 Portionen)**

### Schwarzwaldgasthof Hotel Waldfrieden, Todtnau-Herrenschwand

Aus Eiern, Mehl, Bier und Milch einen Pfannkuchenteig bereiten, mit Salz, Pfeffer und Muskat abschmecken und kurz ziehen lassen. Bärlauch unterheben und in einer Pfanne kleine Pfannküchlein (ca. 8 cm Durchmesser) ausbacken. Auf einer Platte im Backofen bei ca. 80 °C bis zum Anrichten warm halten.

Auf vier schönen Tellern den Schinken anrichten und Dekoration (z. B. Orangenscheiben, Salatscheibe, Butter, Tomate) verteilen. Sahne und Meerrettich vermengen, neben den Schinkenscheiben platzieren (gegebenenfalls mit Teelöffeln Nöckchen formen). Die warmen Pfannkuchen an den Schwarzwälder Schinken anlegen und mit den Käseraspeln bestreuen.

Vorspeisen, Zwischengerichte und Salate

# Carpaccio
# von der Buhlbachforelle

**2 frische Forellen, 1 Schalotte, 1 Tomate, 2 EL Olivenöl,
2 EL Mazola-Öl, ½ Zitrone, 1 EL Balsamicoessig,
Salz, Pfeffer, Dill, Schnittlauch, Blattsalate zum Garnieren
(Rezept für 4 Personen)**

## Hotel Waldblick, Freudenstadt

Die Forellen filetieren, enthäuten und entgräten. Die Filets nebeneinander auf eine Klarsichtfolie legen und mit ein paar Dillsträußen belegen und dann zu einer Roulade einwickeln und einfrieren.
Fertigstellung: Die gefrorene Forellenroulade auf der Aufschnittmaschine dünn aufschneiden und sauber einen Teller damit belegen.
Besonderer Tipp: In der Pilzsaison und sofern verfügbar, eignen sich Pfifferlinge ganz hervorragend als Beilage: 200 g kleine Pfifferlinge, diese sauber putzen und die Schalotte in feine Würfel schneiden. Die Tomate abziehen und ohne die Kerne in Würfel schneiden. Die Pfifferlinge zusammen mit den Schalottenwürfeln in Öl vorsichtig in einer Pfanne anbraten, mit Zitronensaft und Balsamicoessig ablöschen und abschmecken, Tomatenwürfel und Schnittlauch beigeben. Die Pfifferlinge mit der Soße auf das Carpaccio geben und nochmals leicht salzen und pfeffern. Mit marinierten Blattsalaten und Dill garnieren.

Vorspeisen, Zwischengerichte und Salate

# Wildleberterrine

500 g Wildleber von Reh oder Wildsau,
350 g mageres Wildfleisch (Rehschulter), 350 g frischer
Speck gewürfelt, 5 fein gehackte Zwiebeln, 5 TL Butter,
5 EL Sahne, 5 Eigelb, 100 ml Cognac, 5 Messerspitzen
abgeriebene Orangenschale, 5 Messerspitzen Piment,
5 Messerspitzen getrockneter und fein geriebener Thymian,
Pfeffer, Salz, 1½ kg Bauchspeckseiten
zum Auslegen der Terrinenform

### Rombach Nostalgie Gastronomie – Zum Kreuz – Krizwirts-Schiere, St. Peter

**Wichtig: Alle Zutaten nur gut gekühlt verarbeiten, da sonst keine homogene Farce entsteht!**

Die Zwiebeln in Butter hellbraun anbraten und auskühlen lassen. Leber, Fleisch von der Rehschulter und Speck durch die grobe Scheibe des Fleischwolfs drehen. Die restlichen Zutaten, inklusive Schalotten, mit der Fleischmasse gut vermischen, kräftig mit Pfeffer und Salz würzen.

Eine Terrinenform mit Bauchspeckseiten auslegen und mit dem Brät füllen. Bei 80 °C im Wasserbad 45 Minuten garen. Gut auskühlen lassen. In Scheiben schneiden und mit Baguette servieren. Wir in unserem Gasthof »Zum Kreuz« geben dazu gerne eine Hälfte unserer selbst eingelegten Birnen dazu, es passt aber auch eine Cumberlandsoße.

Vorspeisen, Zwischengerichte und Salate 27

# Gebeiztes Bachsaiblingfilet mit Kräuterfrischkäse in der Flädleroulade und Tartar vom Bachsaiblingfilet auf Gurkencarpaccio

**Bachsaiblingfilet** entgrätet, mit Haut, ca. 300 g  **Beize:** 1 Karotte, 1 Lauch, 1 Sellerie, 1 rechte Hand voll Kräuter (z. B. Dill, Petersilie, Schnittlauch, Liebstöckel und was der Kräutergarten hergibt), 100 g Salz, 20 g Zucker, grob gestoßener Pfeffer  **Kräuterfrischkäse:** 150 g Frischkäse, die Hälfte der gehackten Kräuter, Spritzer Zitrone, ein Hauch Knoblauch, Salz, Pfeffer, 1 Blatt Gelatine  **Flädle:** Milch, Mehl, Eier, Prise Salz, etwas Öl zum Braten  **Garnitur:** Blattsalate, Kräuter, Blüten, etwas grüne Gurke (Zutaten für 4 Personen)

### Vital-Hotel Grüner Baum, Todtnau-Muggenbrunn

Für die Beize das Gemüse waschen, evtl. abbürsten und durch die feine Scheibe wolfen, die Hälfte der frischen Kräuter waschen und fein hacken, mit dem Gemüse und den Gewürzen vermengen und damit die Saiblingfilets auf der Fleischseite bedecken. Für ca. 4 Stunden gekühlt marinieren lassen.

Die zweite Hälfte der frischen Kräuter waschen, fein hacken, mit dem Frischkäse und den Gewürzen vermengen, abschmecken. 1 Blatt Gelatine einweichen, abgießen und am warmen Herd schmelzen, dann zügig unter den Kräuterfrischkäse rühren.

Die Flädlezutaten zu einem fließenden Teig verrühren, dünne Flädle ausbacken und abkühlen. Saiblingfilets aus der Beize nehmen, abstreichen. Die Beize kann, gekühlt aufbewahrt, mehrfach verwendet werden.

Die Fischfilets sollten auf leichten Druck noch nachgeben, nicht so fest und würzig im Geschmack sein. Das flache Schwanzstück für Tartar fein würfeln, die ganzen Filets in Schwanzrichtung in schräge dünne Scheiben schneiden.

Die Flädle 2 mm mit Kräuterfrischkäse bestreichen, die Hälfte mit Saiblingscheiben belegen und nochmals bestreichen, fest zusammenrollen und in Klarsichtfolie zur Rolle fixieren, kühl stellen. Zum Anrichten die Flädleroulade in 5 mm dicke Scheiben schneiden, evtl. schräg, mit Blattsalat nach Jahreszeit kombinieren; für das Tartar die Salatgurke in dünne Scheiben schneiden, kreisförmig auflegen und die Fischwürfel mit feinen Zwiebelwürfeln, evtl. gehackten Kapern und Sardelle vermischen, mit 2 Löffeln Nocken formen und auf das Gurkencarpaccio setzen.

Ein passendes Sößchen nach Belieben, z. B. Honig-Senf-Dip und/oder Balsamicoglace.

Vorspeisen, Zwischengerichte und Salate

# Roulade vom Saibling auf Basilikum-Apfel-Soße

8 Saiblingfilets, 200 g Blattspinat, blanchiert,
8 Blatt Basilikum, Salz, Zitrone
Soße: 1 Apfel in kleine Würfel geschnitten,
½ l Fischfond, 3 EL Crème fraîche
8 Blatt Basilikum, in feine Streifen geschnitten,
Salz, Pfeffer
(Rezept für 8 Personen)

### Seehotel Wiesler, Titisee

Die Haut der Saiblingfilets mit einem scharfen Messer nur ca. ¾ ablösen, von der Schwanzseite her beginnend. Dann das Filet leicht salzen und mit Zitrone beträufeln. Nun mit etwas blanchiertem Spinat und einem Basilikumblatt belegen. Jetzt wird das Filet von der Schwanzseite her fest aufgerollt und zuletzt mit der Haut umwickelt.

Die Roulade bei schwacher Hitze rundherum anbraten und im Backofen bei 160 °C ca. 8 Minuten garziehen lassen.

Für die Soße die Apfelwürfel in Butter kurz andünsten, mit Fischfond angießen und etwas reduzieren lassen. Dann Crème fraîche und die Basilikumstreifen dazugeben und mit einem Mixer die Soße aufmixen. Mit Salz und Pfeffer abschmecken.

30 Vorspeisen, Zwischengerichte und Salate

Vorspeisen, Zwischengerichte und Salate 31

# Carpaccio vom Gutacher Freilandangus an Walnussöl und Kräuteressig

**250 g Rinderfilet (Mittelstück), Salz, Pfeffer,
Walnussöl, Kräuteressig, Bergkäse, ca. 6 Monate alt
(Nussbacher Bergkäse Unterer Hohnen, Familie Fehrenbach)
(Rezept für 4 Personen)**

### Gasthaus und Pension »Zum Schützen«, Hornberg

Stark gekühltes Rinderfilet (kurz in die Tiefkühltruhe) roh mit einem sehr scharfen Messer in hauchdünne Scheiben schneiden, salzen, pfeffern und einige Minuten kalt stellen. Serviert wird das Fleisch mit einer ebenfalls kalten Sauce aus Walnussöl und Kräuterdressing. Zum Schluss Bergkäse darüberhobeln.

Vorspeisen, Zwischengerichte und Salate

# Geräucherter Bachsaibling auf Salat von rohen Spargeln und bunten Linsen

4 Saiblingfilets auf der Haut, 2 Stangen roher weißer Spargel, 2 Stangen roher grüner Spargel, 80 g rote Linsen, auf Biss gekocht, 50 g gewürfelter Sellerie und Lauchwürfel, auf Biss gekocht, 3 EL Rapsöl, 2 EL Weißweinessig, 1 EL Wasser, Salz, Pfeffer und eine gute Prise Zucker, 1 TL geriebener Meerrettich, 1 TL mittelscharfer Senf
(Rezept für 4 Personen)

### Hotel Adler im Bärental, Feldberg-Bärental

Die Saiblingfilets mit Buchenspänen heiß räuchern, sodass sie in der Mitte noch glasig sind. Den Spargel schräg in dünne Scheiben schneiden, die gekochten roten Linsen und die Gemüsewürfel zugeben. Essig, Wasser, Senf und Gewürze gut miteinander verrühren und dann unter Rühren das Rapsöl zugeben, sodass sich alles zu einer homogenen Masse verbindet. Die Vinaigrette über den vorbereiteten Spargel und die Linsen geben und alles gut miteinander vermengen. Den Salat auf vier Portionen verteilen, den noch warmen Saibling darauf anrichten und mit frisch geriebenem Meerrettich und Dill ausgarnieren.

Vorspeisen, Zwischengerichte und Salate

# Eieromelett auf jungen Löwenzahnspitzen

1 frisches Hühnerei, 1 EL Schlagsahne, 1 TL Butter,
50 g Löwenzahnblätterspitzen, 20 g frische Heidelbeeren,
1 kleine Zwiebel, Essig, Öl, Salz, Pfeffer, Zucker, Senf
(pro Person)

### Gasthof Café Nagoldquelle, Seewald-Urnagold

Zwiebel in kleine Würfel schneiden und mit 1 TL Senf, Essig, Öl und wenig Wasser eine Marinade zubereiten. Abschmecken mit Salz, Pfeffer und Zucker. Kurz vor dem Anrichten gibt man die Heidelbeeren zur Marinade.

Das Hühnerei mit der Sahne kräftig verquirlen und in einer Pfanne mit der heißen Butter ein Omelett zubereiten. Anrichten auf dem Salat von jungen Löwenzahnspitzen.

Dazu reicht man frisches Kürbis- oder Kartoffelbrot.

Vorspeisen, Zwischengerichte und Salate 37

# Sunnewirbelesalat »altbadisch« mit gebratenem Kalbsbriesle in der Eihülle

400 g Sunnewirbelesalat, 60 g Speckwürfel, 60 g Zwiebelwürfel, 4 Scheiben Toastbrot in 1-cm-Würfel geschnitten, 1 gekochte Pellkartoffel, geschält, 100 g Butter
**Salatsoße:** 3 EL Balsamicoessig, 2 EL Apfelsaft,
1 TL Zucker, 6 EL Olivenöl, 1 EL Rotwein, 1 TL Senf, Speckfond
(Speckreste auskochen!), 1 Kalbsbriesle, 1 Bund Petersilie, 1 Ei, Mehl, Butter,
Salz und Pfeffer (Rezept für 4 Personen)

## Schwarzwaldgasthof zum Goldenen Adler, Oberried

Sunnewirbelesalat waschen und in einem Sieb abtropfen lassen. Balsamico, Apfelsaft, Zucker und Salz mit dem Zauberstab aufmixen. Unter ständigem Mixen das Olivenöl einlaufen lassen. Das Kalbsbriesle zuerst außen von Häuten und Adern befreien. Dann für eine ½ Stunde in lauwarmes Wasser legen. Inzwischen das Salzwasser mit Weißwein und 1 Bund Petersilie zum Kochen bringen und das Briesle ca. 10 Minuten lang kochen. Herausnehmen, in Scheiben schneiden und, solange sie noch heiß sind, die Adern und Flachsen entfernen. Brieslescheiben mit Salz und Pfeffer würzen, mehlieren und im verquirlten Ei wenden. Dann in Butter auf beiden Seiten anbraten.

Salat und die Soße in eine Schüssel geben, die noch warme Kartoffel durch die Kartoffelpresse in die Salatschüssel drücken, dann das Ganze vermengen. Speck, Zwiebeln und die Toastbrotcroûtons in Butter goldgelb anbraten.

Salat in die Mitte eines großen Tellers anrichten, die Kalbsbriesscheiben rundherum anrichten und die warmen Croûtons mit dem Speck und den Zwiebeln über den Salat geben.

Vorspeisen, Zwischengerichte und Salate 39

# Canapés vom Gersbacher Frischkäse und Räucherforelle mit Gurken-Meerrettich-Sülze

**Canapés:** 12 kleine runde Scheiben Pumpernickel, 250 g Gersbacher Frischkäse, 1 ganze Räucherforelle, Salz, Pfeffer   **Sülze:** 200 g geschälte, entkernte Gurken, etwas geriebenen Meerrettich, 1 kleine Schalotte, 20 ml Sahne, etwas gehackter Dill, 200 ml Gemüsebrühe, 3 Blatt Gelatine
**Dekoration:** Rauke, Dill, Kirschtomaten, Forellenkaviar

### Schwarzwaldgasthof zum »Waldhüter«, Schopfheim-Gersbach

Canapés: Den Frischkäse je nach Geschmack mit Salz und Pfeffer abschmecken, in einen Dressierbeutel füllen und auf die Pumpernickelscheiben dressieren. Von beiden Forellenfilets die Haut abziehen und jedes Filet in 6 gleich große Stücke schneiden. Die Filetstücke auf den Frischkäse legen.

Sülze: Gurke und Schalotten in Würfel schneiden. Gelatine in kaltem Wasser einweichen.

Brühe leicht erwärmen und 2½ Blatt der eingeweichten und gut ausgedrückten Gelatine darin auflösen. Nun zwei Esslöffel von der Brühe entnehmen und das übrige ½ Gelatineblatt darin auflösen, Sahne und Meerrettich zufügen und gut vermischen. Nochmals vier Esslöffel von der Brühe entnehmen und mit dem gehackten Dill vermengen.

Die Brühe mit dem Dill in Förmchen geben und im Kühlschrank 5 Minuten erkalten lassen. Jetzt die Meerrettichmasse über den Dill geben und ebenfalls 5 Minuten erkalten lassen. Die übrige Brühe mit den Gurken und den Schalotten vermengen und auf die Förmchen verteilen. Das Ganze kalt stellen, bis es erstarrt ist.

Vorspeisen, Zwischengerichte und Salate 41

# Schwarzwälder Schinken-Käse-Torte

**Teig:** 200 g Mehl, 50 g Backmargarine,
50 g Butter, 50 ml Wasser, 1 Ei
**Einlage:** 90 g mild gesalzener Schwarzwälder Schinken,
90 g gekochter Schinken, 200 g Fischbacher Bergkäse
**Royal:** 4 Eier, 150 ml Sahne, 25 g geriebener Käse,
Salz, Pfeffer und Muskat

## Hotel Gasthof Hirschen, Schluchsee

Teig: Alles zu einem Teig kneten, ruhen lassen und auswallen
Einlage: Alles mischen und in eine Form geben
Royal: Alles verrühren und abschmecken und in den Ofen: 20 Minuten bei 180 °C und dann 25 Minuten bei 160 °C backen.

Vorspeisen, Zwischengerichte und Salate

# Flädle von der Schuttertäler Bachforelle mit Bioland-Rote Beete

1 ½ kg Bachforellenfilet ohne Haut und ohne Gräten, 500 g Fischfarce von der Bachforelle mit Gartenkräutern, 4 dünne Pfannkuchen à 32 cm Durchmesser, im Badischen «Flädle» genannt, 100 g flüssige Butter  **Gewürze:** Salz, Pfeffer, Weißwein   **Bioland-Rote Beete:** 300 g Rote Beete in der Schale weichkochen, 6 Schalotten, in feine Würfel geschnitten, 60 g Butter, 200 ml reduzierter Fischfond, 40 ml Wermut, 5 EL Sahne, 3 Eigelb zum Binden der Soße   **Gewürze:** Salz, Zucker, Thymian, Pfeffer und Zitrone (Rezept für 10 Personen)

## Hotel Restaurant Sonne, St. Peter

Die Bachforellenfilets mit Salz, Pfeffer und Weißwein würzen. Die Pfannkuchen zu einer Matte auslegen, dünn mit Fischfarce bestreichen und mit zwei übereinanderliegenden Bachforellenfilets wie ein Sandwich jeweils mit Fischfarce eingestrichen belegen. Die Pfannkuchen über die Filets zusammenschlagen und mit flüssiger Butter rundherum einstreichen. In Backpapier einschlagen und 18 Minuten bei 120 °C Heißluft garen.

Vor dem Aufschneiden 5 Minuten ruhen lassen.
Die Rote Beete schälen und fein würfeln. Die Würfel mit Schalotten in Butter andünsten und mit Fischfond 5 Minuten langsam köcheln. Abschmecken mit Salz, Zucker und Thymianzweig, Wermut und Zitrone. Geschlagene Sahne mit dem Eigelb vermischen und zur Roten Beete rühren. Die Soße vor dem Servieren gut erwärmen, aber nicht mehr kochen.

Vorspeisen, Zwischengerichte und Salate

# Forelle in Marinade

2 Forellen, ausgenommen, Salz, 2 EL Zitronensaft,
1 EL milder Weißweinessig, 2 Prisen Rosenpaprika,
1 Prise Kurkuma, 2 EL Sonnenblumenöl, 1 TL Senf,
½ TL Ingwer, gerieben, Pfeffer, 1 EL Shoyu (Sojasoße),
Salz, ½ Bund Petersilie,
Mangold-, Spinat- oder Wirsingblätter
(Rezept für 4 Personen)

### Gasthof Holzwurm, Sasbachwalden

Die Forellen waschen und abtrocknen. Petersilie waschen und hacken. Die Forellen salzen und mit Zitronensaft beträufeln.
Für die Marinade den Essig, Rosenpaprika, Kurkuma und Öl miteinander verrühren. Senf, Ingwer und Sojasoße unterrühren.
Die Forellen innen und außen damit bepinseln und mit der Petersilie füllen.
Einen Topf mit Wasser erhitzen. Dämpfeinsatz mit Gemüseblättern auslegen. Die Forellen hineinlegen, mit Pfeffer und Salz würzen und bei großer Hitze 10–15 Minuten dämpfen. Dazu passen Salzkartoffeln und Blattsalate.

Vorspeisen, Zwischengerichte und Salate

# Leberparfait vom Horbener Bio-Zicklein

**500 g frische Bio-Zickleinleber, 450 g Butter, 50 g flüssige Sahne, 5 Eier, 200 g in Scheiben geschnittener Spickspeck zum Auslegen der Terrinenform von ca. 1 Liter Inhalt, 40 ml Portwein, 20 ml Madeira, Salz, Pfeffer (Rezept für ca. 15 Portionen)**

### Landidyll-Hotel zum Kreuz, Glottertal

Terrinenform mit Spickspeck auslegen, Zickleinleber gut parieren (von den Adern und Sehnen befreien), flüssige, lauwarme Butter bereitstellen.

Von Zickleinleber, Sahne, Eiern und Gewürzen im Mixer eine feine Masse (Farce) herstellen, die Leberfarce durch ein Sieb streichen. Passierte Leberfarce im Mixer mit flüssiger, lauwarmer Butter nochmals aufmixen (ca. 2 Minuten). Wichtig: Die flüssige Butter soll langsam auf die Leberfarce gegossen werden! Die Lebermasse mit Salz, Pfeffer und Spirituosen abschmecken und in die Terrinenform gießen.

Bei 85–90 °C Wassertemperatur ca. 1 Stunde im Wasserbad pochieren (Nadelprobe ausführen). Das fertige Parfait über Nacht gut auskühlen lassen. Serviervorschlag: Schmeckt vorzüglich mit Rhabarber-Chutney und feinen Blattsalaten.

**Lieferant:**
Otto Rees, Horben, Züchtung von Bio-Zicklein und Herstellung von Ziegenkäse

Vorspeisen, Zwischengerichte und Salate

# Suppen

*»Ich lebe von guter Suppe und nicht von schöner Rede!«,* äußerte ein gewisser Jean-Baptiste Paquelin, der von 1622 bis 1673 lebte und als der geniale französische Schriftsteller Molière berühmt geworden ist.

Vielen seiner »eingebildeten Kranken« hat in Jahrhunderten eine frische, kräftige Suppe schon geholfen.

Der Autor dieses Kochbuches sieht es als gebürtiger bayerischer Schwabe, in dessen mittelschwäbischer Heimat die Suppe wie das Bier zu den Grundnahrungsmitteln gehört, weitaus pragmatischer. Sein Spruch heißt nur: *»Ohne eine schöne Suppe könnte ich kaum einen Tag leben, aber von Suppen allein könnte ich viele Tage leben!«*

# Schaumsuppe aus Bärlauch oder Bärenklau mit gebackenem Ei und Forellenkaviar

600 ml Gemüsefond, 100 ml Weißwein, 300 ml Sahne,
50 g Butter, 40 g Mehl, 1 Bund frischer Bärlauch,
Salz, Cayennepfeffer, Zucker, 2 Eier, 7 Minuten gekocht,
1 kleines Glas Forellenkaviar
(Rezept für 4 Personen)

## Hotel Adler im Bärental, Feldberg-Bärental

Die Butter in einem Topf zergehen lassen, das Mehl hinzugeben und kurz anschwitzen; unter Rühren den kalten Gemüsefond, Weißwein und Sahne zugeben; die Suppe nun durch schwache Hitzezufuhr unter Rühren zum Kochen bringen und 10 Minuten leicht köcheln lassen; mit Salz, Cayennepfeffer und einer Prise Zucker abschmecken; die gekochten Eier vorsichtig pellen und in Mehl, Ei und Semmelbröseln sorgfältig panieren; in ausreichend heißem Fett goldbraun ausbacken, halbieren und kurz warm stellen, damit die Eier beim Servieren nicht zu kalt sind; den gewaschenen, geputzten Bärlauch erst kurz vor dem Servieren in möglichst feine Streifen hacken, in die heiße Suppe geben und mit dem Pürierstab schaumig aufschlagen; Suppe mit je einem halben gebackenen Ei und etwas Forellenkaviar garnieren. Ersetzen Sie den Bärlauch durch Kerbel, Sauerampfer, Bärenklau oder Brunnenkresse und Sie erhalten weitere leckere Suppen.

Suppen 53

# Brunnenkressesuppe mit Quarknocken

**Suppe:** 2 EL Butter, 1 Zwiebel, 1 Karotte, 50 g Sellerie, 50 g Lauch, 200 g Brunnenkresse, ½ l Gemüsebrühe, 2 Eigelb, 4 EL Sahne, Salz, Pfeffer, 100 ml Olivenöl
**Nocken:** 500 g Quark, 150 g Hartweizengrieß, 2 Eier, Muskatnuss, Salz, Pfeffer
(Zutaten für 4 Personen)

## Hotel Nägele, Höchenschwand

Die Zwiebel, Karotte und den Sellerie kurz in Butter andünsten, den Lauch dazugeben und mit der Gemüsebrühe auffüllen. Danach 100 g der Brunnenkresse hinzufügen und ca. 20 Minuten durchkochen. In der Zwischenzeit von der restlichen Brunnenkresse und dem Olivenöl einen Pesto herstellen. Dazu die Kresse mit Öl, Salz und Pfeffer pürieren. Anschließend die Suppe pürieren und abpassieren. Mit den Eigelben und der Sahne abbinden und vor dem Servieren den Pesto untermixen, damit die Suppe eine schöne grüne Farbe behält.

Zubereitung der Nocken: Alle Zutaten vermischen und im Mixer kurz verrühren, abschmecken. Aus dem Teig kleine Nocken formen und im Salzwasser einmal kurz nachziehen lassen. Die Nocken auf 4 Teller verteilen und die aufgeschäumte Suppe darauf verteilen. Mit Kräutern und einer Sahnehaube verzieren.

Suppen 55

# Rehgulaschsuppe

1 Bund Suppengrün, 2 Zwiebeln, 40 g durchwachsener
Speck, 300 g Rehgulasch, klein geschnitten,
1 l Wild- oder Fleischbrühe, ½ l Rotwein,
6 Wacholderbeeren, 2 Lorbeerblätter, ½ TL Thymian, Salz,
100 g Crème fraîche, 100 g Sauerkirschen
(aus dem Glas), Gin (Wacholderschnaps)
(Rezept für 4 Personen)

### Gasthof Schwarzwaldhaus, Bernau

Den klein gewürfelten Speck auslassen und das gewürzte Rehfleisch darin anbraten. Die klein geschnittenen Zwiebeln und Suppengrün mit anbraten. Mit einem Schuss Rotwein ablöschen und reduzieren. Das Mehl über das Fleisch geben und hellbraun anschwitzen. Die Brühe und den restlichen Wein auffüllen. Die Gewürze in ein Tuch binden und in den Topf geben. Die Suppe salzen und pfeffern und zugedeckt etwa 50 Minuten leicht köcheln. Den Gewürzbeutel herausnehmen, die Kirschen zugeben und die Crème fraîche unterrühren. Die Suppe nachwürzen, einen Schuss Gin zugeben und heiß servieren.

Suppen 57

# Kürbisrahmsuppe mit Walnussklößchen

**Kürbissuppe:** 500 g Kürbisfleisch (wir empfehlen Moschuskürbisse), 50 g gehackte Zwiebeln, 1 Gewürznelke, ½ Zimtstange, ¾ l Gemüsebrühe, 50 g Milch, 5 g Stärke, 50 g Sahne, Jodsalz, Pfeffer
**Nussklößchen:** 50 g Butter, 50 g geriebenes Weißbrot, 1 Ei, Petersilie, 20 g gehackte und geröstete Walnüsse, Salz, Pfeffer, Muskat

### Gasthof-Hotel Sennhütte, Tegernau-Schwand

Kürbisfleisch in kleine Stücke schneiden, Zwiebeln andünsten, Kürbisfleisch zugeben und bevor sie Farbe nehmen mit Gemüsebrühe auffüllen. Nelke und Zimtstange zugeben und Kürbis weich kochen. Zimtstange und Nelke herausnehmen und die Suppe mit dem Mixstab pürieren, mit Salz und Pfeffer würzen. Stärke mit etwas Weißwein vermischen und in die kochende Suppe einrühren. Milch zugeben, Suppe aufwallen lassen und abschmecken. Kurz vor dem Anrichten Walnussklößchen in die Suppentasse geben. Die geschlagene Sahne unter die Suppe heben und in die Tassen abfüllen.

Flüssige Butter in einen hohen Becher geben, mit dem Stabmixer das Ei verquirlen, mit Salz, Pfeffer und Muskat würzen. Geriebenes Weißbrot untermixen. Abschmecken, die gehackten Nüsse und Petersilie unter die Masse geben, 10 Minuten ruhen lassen. Kleine Klößchen formen und in Gemüsebrühe oder Salzwasser ca. 10 Minuten gar ziehen lassen.

Suppen 59

# Schwarzwälder Forellensuppe

2 Forellen (küchenfertig), 1 Tomate, 1 Bund Suppengemüse,
1 EL gehackte Zwiebeln, 1 fein gehackte Knoblauchzehe,
1 EL frischer Dill, 1 l Wasser, Salz, Pfeffer, 1 gehäufter TL Mehl,
etwas Butterschmalz, 50 ml Weißwein, 3 Eigelb, 3 EL Sahne,
4 Scheiben Toastbrot (getoastet)
(Rezept für 4 Personen)

### Schwarzwaldgasthof Hotel Waldfrieden, Todtnau-Herrenschwand

Fische filieren. Die Filets abgedeckt kühl stellen. Die Köpfe und die Abschnitte waschen (nur die Haut nicht verwenden) und in einen Topf mit Wasser geben. Das Suppengemüse möglichst klein würfeln und ebenfalls in den Topf geben. Mit Salz und Pfeffer würzen und aufkochen lassen, ca. 30 Minuten leicht sprudelnd köcheln lassen. Inzwischen die Tomate enthäuten und das Innere entfernen. Fischfilets und Tomatenfleisch in feine Streifen schneiden und beiseite stellen. Die Brühe durch ein Tuch passieren. Das Butterschmalz im Topf erhitzen und die Zwiebeln und Knoblauchwürfel darin anschwitzen. Mit dem Mehl bestäuben und mit dem Weißwein ablöschen. Mit der Fischbrühe aufgießen und aufkochen lassen. Nun den Dill, die Forellen- und die Tomatenstreifen zugeben und nochmals abschmecken. Eigelbe und Sahne verrühren und die Suppe damit legieren. Vorsicht! Die Suppe nicht mehr kochen lassen, sie gerinnt sonst. In vier Teller oder Tassen füllen und servieren. Toastbrot (oder Baguette) dazureichen.

Suppen 61

# Brennnesselsuppe
# mit gebackenem Biolandei

200 g gewaschene Brennnesseln ohne Stiele, 200 g gewaschener
Blattspinat ohne Stiele, 4 Schalotten, in feine Würfel geschnitten,
1 Knoblauchzehe, fein gehackt, 100 g Butter, 1,2 l Gemüsefond,
250 ml trockener Riesling, ½ l Sahne, 6 Eigelb zum Legieren,
1 Zitrone, davon der Schalenabrieb und der Saft,
10 Eier zum Ausbacken, Salz, Pfeffer, Muskat und Zimt
(Rezept für 10 Personen)

### Hotel Restaurant Sonne, St. Peter

Brennnesseln und Blattspinat gut zerkleinert mit Schalotte und Knoblauchzehe in Butter andünsten. Riesling und Gemüsefond angießen und 10 Minuten durchkochen. Sahne dazugeben und nochmals 5 Minuten kochen. Die Suppe jetzt im Mixer sehr gut pürieren, danach passieren und durch ein feines Sieb streichen und mit Eigelb legieren. Die Suppe nicht mehr kochen. Abschmecken mit Salz, Pfeffer, Muskat und Zimt.
Für das gebackene Ei das Eigelb und Eiklar trennen, das Eigelb muss ganz bleiben. Das Eiklar knusprig wie beim Spiegelei goldbraun braten und würzen. Das Eiklar rund ausstechen, das Eigelb auf das Eiweiß setzen und in der Suppe anrichten.

Suppe 63

# Rahmsuppe
# mit Göschweilemer Bergkäse

800 ml Gemüsebrühe, ½ l Sahne, 80 g Zwiebeln in Würfeln,
30 g Butter, 50 g Mehl, 300 ml trockener Weißwein,
150 g geriebener Göschweilemer Bergkäse
(Rezept für 4 Personen)

### Gasthof Linde, Löffingen

Zwiebeln in Butter anschwitzen, mit Mehl bestäuben und mit Gemüsebrühe auffüllen. Sahne dazugeben und 10 Minuten kochen lassen.
Käse und Wein darunterrühren, kurz aufkochen und servieren. Als Dekoration eignen sich hervorragend glatte Petersilie, Kerbel und Kräuterbrotwürfel.

Suppen 65

# Petersilienschaumsüppchen mit Tartar von Lachsforelle und grünem Apfel, Felchenkaviar und krossem Speck

1–2 Bund Blattpetersilie, 1 Zwiebel, 300 ml Weißwein, ½ l Geflügelfond,
300 ml Sahne, Salz, Pfeffer, Zucker, Zitronensaft, 75 g kalte Butter,
Speisestärke, 150 g frische Lachsforelle, 50 g Apfel, z. B. Granny Smith,
20 g Felchenkaviar, Salz, Pfeffer, Zitronensaft,
gemahlene Koriandersamen, Chili, 80 g Schwarzwälder Speck
(Rezept für 4 Personen)

## Hotel Reppert, Hinterzarten

Zubereitung Suppe: Petersilienblätter abzupfen, Zwiebelwürfel und Petersilienstengel mit etwas Butter im Topf anschwitzen und mit Weißwein ablöschen.
Zur Hälfte einkochen lassen und dann mit Geflügelfond und Sahne auffüllen. Mit Salz, Pfeffer, Zucker und Zitronensaft abschmecken und mit Stärkemehl etwas abbinden. Petersilienblätter daruntermixen und abpassieren, zum Schluss kalte Butter in kleinen Würfeln in die Suppe mixen und aufschäumen.

Zubereitung Tartar: Lachsforellenfilet von Haut und Gräten befreien, Apfel schälen und entkernen, beides mit dem Messer fein hacken und mit Salz, Pfeffer, Zucker, Zitronensaft, etwas Chili und gemahlenen Koriandersamen abschmecken. Speck in feine Streifen schneiden und in der Pfanne auslassen, bis dieser kross ist, dann auf Küchenpapier abtropfen lassen.

Suppen 67

# Tannenzäpflesuppe: Rahmsuppe vom bekannten Rothaus-Bier mit karamellisiertem Malz

**1 Zwiebel, ½ Karotte, 1 Rothaus-Tannen-Eiszäpfle 300 ml,
½ l kräftige Rinderbrühe, ¼ l Sahne,
1 kleiner Bund Schnittlauch, 10 g Salz,
15 g Zucker, Pfeffer, 2 EL karamellisierter Malz,
Speisestärke zum Abbinden**

### Brauereigasthof Rothaus, Grafenhausen-Rothaus

Zwiebel und Karotte schälen und in kleine Würfel schneiden. Zwiebeln mit dem Öl anschwitzen, Karottenwürfel dazugeben und mit dem Mehl bestäuben. Mit dem Rothaus-Eiszäpfle und mit der Brühe auffüllen und aufkochen lassen. Mit der Sahne verfeinern. Mit Salz und Pfeffer abschmecken. Unter Kochen mit Speisestärke abbinden. Zur Garnitur den in feine Röllchen geschnittenen Schnittlauch und den karamellisierten Malz darüberstreuen.

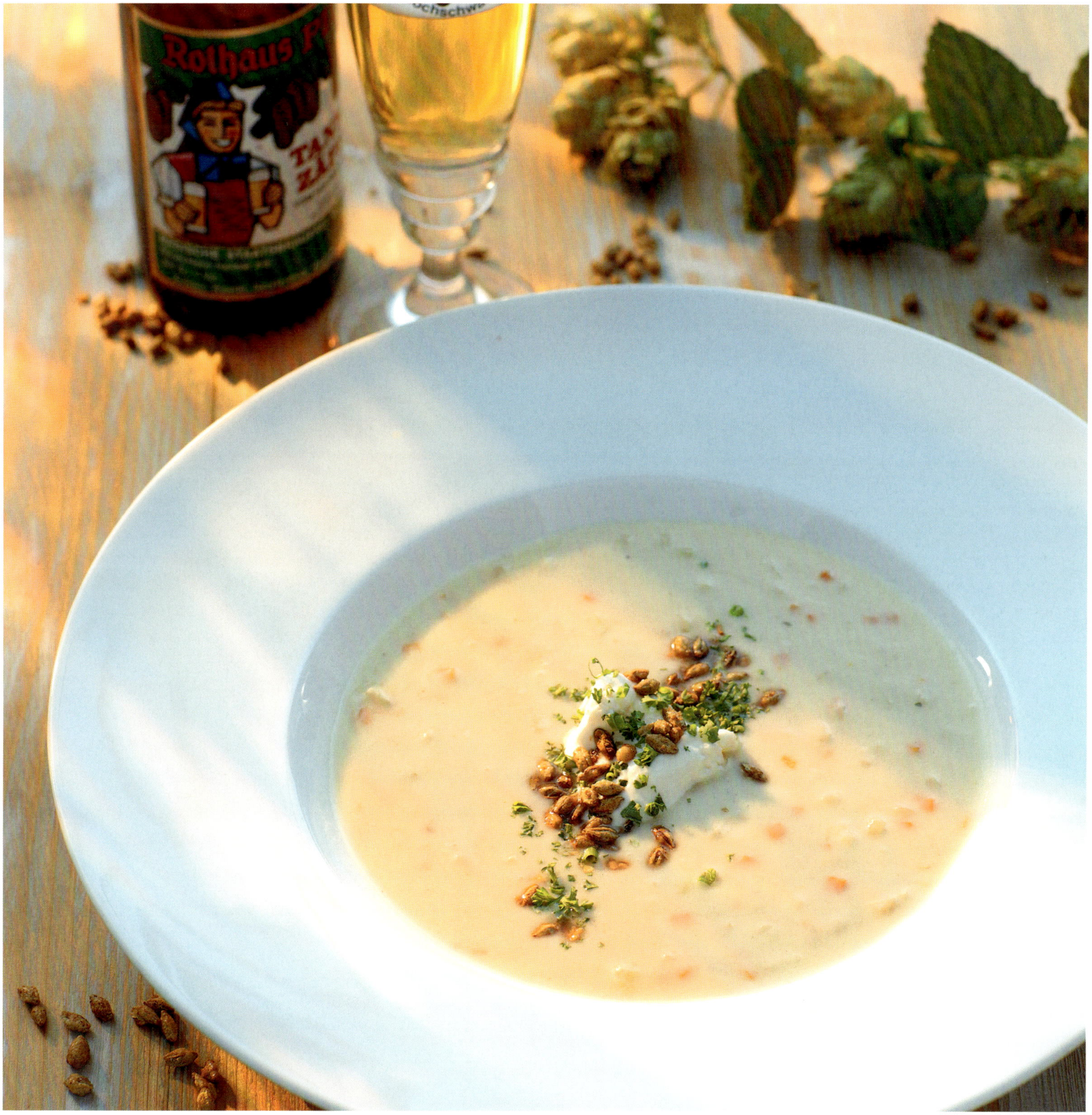
Rothaus

# Sauerampfersuppe mit Gänseblümchen und Wiesenschaumkraut

**Sauerampfer 70 g, Zwiebeln 30 g, Knoblauch 10 g,
Butter 30 g, Spargelfond 1 l, Crème fraîche 60 g,
Haferflocken, geröstet, 60 g, Muskat, Salz und Pfeffer,
Gänseblümchen 12 Stück, Wiesenschaumkrautblüten 2 Stück
(Rezept für 6 Personen)**

### Berggasthof-Hotel Sonnhalde, Bürchau

Die gesamte Ware zusammenstellen und abwiegen. Den Sauerampfer verlesen und waschen. In kochendem Wasser kurz blanchieren und danach sofort ins Eiswasser geben. Aus Spargelschalen den Spargelfond herstellen. Die Zwiebeln in Würfel schneiden und den Knoblauch schälen und hacken. Die Zwiebel und Knoblauch mit der Hälfte der Butter andünsten. Sauerampfer mit der Hand gut ausdrücken, dazugeben und mit dem Spargelfond auffüllen. Jetzt die Haferflocken beigeben und alles 5 Minuten köcheln lassen. Übrige Butter und Crème fraîche einrühren. Die Suppe mit einem Mixer und Pürierstab pürieren. Danach durch ein feines Sieb streichen und mit Salz, Pfeffer und Muskat abschmecken.

Die fertige Suppe in einen tiefen Teller geben und mit den Blüten gefällig ausgarnieren.

Suppen 71

# Rote-Beete-Suppe mit Korianderklößchen

**Suppe:** 700 ml Fleisch- oder Gemüsebrühe, 300 ml Sauerrahm, 1 EL Mehl, 100 g Butter, 3 Schalotten, 2 mittelgroße Rote-Beete-Knollen, 100 ml Weißwein, Meersalz, Pfeffer, Senfmehl, Zimt, gemahlene Nelken, Kreuzkümmel  **Korianderklößchen:** Geflügelfarce, 1 Bund Koriander, frisch, 1 kleines Stück Ingwer, indische Curry- und Sojasoße
(Rezept für 4 Personen)

### Gasthaus Zähringerhof, Münstertal

Die Schalotten mit der Hälfte der Butter anschwitzen, mit dem Weißwein ablöschen und einreduzieren. Mit dem Mehl bestäuben, den Sauerrahm und die Brühe angießen; anschließend aufkochen und durchpassieren. Die Rote Beete schälen und feinreiben. Mit der Suppe kräftig durchkochen und mixen. Mit den Gewürzen abschmecken, Zimt, Nelken und Kreuzkümmel sehr vorsichtig verwenden. Zum Schluss die restliche Butter anmixen. Den Ingwer sehr fein schneiden und in Butter anschwitzen und mit wenig Sojasoße ablöschen. Den Koriander abzupfen und feinschneiden. Geflügelfarce mit Ingwer, Koriander und Curry abschmecken. Mit 2 Teelöffeln kleine Klößchen formen und in siedendem Wasser ca. 5 Minuten ziehen lassen.

Suppen 73

# Brennnesselsuppe

1–2 Kohlrabi, 4 Kartoffeln, 3 EL Mandelmus,
4 Handvoll Brennnesseln (junge, mit Handschuhen
pflücken), 2 Stangen Frühlingszwiebeln,
Muskatnuss, Fenchelsamen, Ysop, 2 l Gemüsebrühe,
1 TL Salz, 1 TL Zitronensaft, ½ Bund Petersilie,
Schabzigerklee, Bockshornkleesamen
(Rezept für 4 Personen)

## Gasthof Holzwurm, Sasbachwalden

Kohlrabi und Kartoffeln schälen und in Stücke schneiden. Frühlingszwiebeln in Ringe schneiden, die Gewürze in einer trockenen Pfanne anrösten und mörsern.
Kartoffeln und Kohlrabi in Gemüsebrühe aufsetzen, Brennnesseln, Frühlingszwiebeln und die Gewürze dazugeben.
1 Prise Salz, 1 Spritzer Zitronensaft, nochmals Bockshornkleesamen, braunen Zucker dazugeben.
30 Minuten köcheln lassen, das Mandelmus unterrühren, die Suppe pürieren.
Mit Pfeffer, Salz und Zitronensaft abschmecken. Mit Petersilie bestreut servieren.

Suppen 75

# Maronensüppchen mit Vogelmiere

500 g Maronen, 1 kleine Räucherspeckschwarte,
½ Zwiebel, 1 kleine Karotte, 1 kleines Stück Sellerie,
1 TL Tomatenmark, etwas Weißwein, 700 ml Hühnerbrühe,
500 ml Sahne, Salz, Pfeffer, Muskat, 1 Handvoll Vogelmiere
(gewaschen und feingehackt)
(Rezept für 4 Personen)

### Gasthof Sommerau, Bonndorf

Die Kastanien kreuzweise einritzen und zusammen mit der Speckschwarte weichkochen, anschließend Maronen schälen. Die Zwiebel, die Karotte und den Sellerie schälen, in kleine Würfel schneiden und in etwas Öl anschwitzen. Die geschälten Maronen und das Tomatenmark dazugeben, alles anrösten. Mit Weißwein, Hühnerbrühe und Sahne ablöschen. Mit Salz, Pfeffer und Muskatnuss abschmecken.
Die Suppe ca. 15 Minuten köcheln lassen. Im Mixer pürieren und anschließend passieren. Die Vogelmiere auf die angerichtete Suppe streuen.

Suppen 77

# Hauptgang Fisch

Die vielen Bergbäche, Flüsse und Seen, die den Schwarzwald so reizvoll machen, liefern wunderbar weiches Wasser. Trotz starker touristischer Inanspruchnahme haben auch die schönsten und größten Seen im Schwarzwald, wie der berühmte Titisee und der zur Stromerzeugung geschaffene Schluchsee, heute Trinkwasserqualität, was jährlich durch Analysen aufs Neue bestätigt wird.

Kein Wunder, dass daher Fisch in der leichten und köstlichen Schwarzwaldküche ganz oben regiert. Die Salmoniden wie Forelle, Lachsforelle und Saibling spielen dabei die Hauptrolle. Aber mal sehen, was es außer »Forelle blau« an raffinierten Fischgerichten gibt!

# Forellenfilet auf der Haut kross gebraten mit Waldmeister-Riesling-Soße

**Soße:** 200 ml Riesling, etwas getrockneter Waldmeister, ⅛ l Fischfond, ⅛ l Sahne, 1 TL Zucker, Spritzer Zitronensaft, Salz, Pfeffer, etwas Stärkemehl, 8 küchenfertige frische Forellenfilets, 3 EL Sonnenblumenöl, Salz, Pfeffer
**Spargelgemüse:** 500 g weißer und 500 g grüner Spargel, 100 g Butter, Salz, Pfeffer und Zucker
(Rezept für 4 Personen)

### Silence Hotel Adler, Wolfach

Den Riesling mit dem Zucker und dem Waldmeister sirupartig einkochen. Den Fischfond hinzugeben und weiter einkochen. Die Sahne hinzugeben, aufkochen und je nach Wunsch mit Stärke abbinden. Die Soße mit Salz, Pfeffer und Zitronensaft abschmecken.

Die Hautseite mit einem scharfen Messer kreuzweise einritzen, mit Salz und Pfeffer würzen und im heißen Öl auf der Hautseite scharf anbraten. Die Hitze reduzieren und ca. 2 Minuten weiterbraten lassen. Die Forellenfilets umdrehen und fertig braten.

Beide Spargelsorten in Salzwasser getrennt blanchieren. Den Spargel in Stücke schneiden und in der Butter anbraten. Mit Salz, Pfeffer und Zucker abschmecken.

Richten Sie den Spargel auf dem Teller an, legen Sie die Forellenfilets darauf und dressieren Sie drum herum die Soße.

Servieren Sie zu diesem Gericht Kartoffeln oder Nudeln. Als Garnitur eignen sich frischer Waldmeister und blaue Trüffelkartoffeln.

Hauptgang Fisch 81

# Forellenfilet im Speckmantel mit einer Sauerkrautfüllung auf einem Kartoffelsockel

2 Forellen, 20 g Schalotten, 120 g fertig gekochtes
Sauerkraut, 20 g Lauch, 10 g Sellerie,
8 hauchdünne Scheiben vom geräucherten Bauchspeck,
¼ l badischen Riesling, Dill, Thymian, ¼ l Wasser,
100 g flüssige Sahne
(Rezept für 4 Personen)

## Landidyll-Hotel Restaurant Albtalblick, Häusern

Die Forellen filetieren und enthäuten. Aus den Fischkarkassen und dem Gemüse, dem Riesling und dem Wasser bereitet man einen Fischfond zu. Die Forellenfilets ganz leicht unter einer Klarsichtfolie plattieren und mit etwas Zitronensaft leicht säuern. (Wegen Speck und Sauerkraut nicht mehr salzen!)

Die Hälfte des Filets mit dem Sauerkraut belegen, dann das Filet zusammenklappen und mit dem Speck vorsichtig einwickeln.

Den Fischfond mit der flüssigen Sahne einkochen lassen, abschmecken und mit kalten Butterstücken und noch etwas Weißwein aufmontieren.

Die Forellenfiletpäckchen nun in Mehl wenden und langsam mit einem Thymianzweig in Butter braten.

Die gebratenen Forellen im Speckmantel auf durchgedrückten (Spätzlepresse) Salzkartoffeln anrichten, mit etwas Weißweinsoße angießen und mit dem Dill ausgarnieren.

Das Gericht kann auch gut nur mit Blattsalaten oder Feldsalat serviert werden.

Hauptgang Fisch 83

# Cordon bleu von der Forelle

**8 Forellenfilets, 4 dünne Scheiben Lachs,
200 g Fischfilet für Farce, 1 Ei, etwas Sahne,
Weißwein, Salz und weißer Pfeffer aus der Mühle,
Zitronensaft, Weißbrotbrösel, Petersilie
(Rezept für 8 Personen)**

### Landidyll-Hotel Hirschen, Oberwolfach

Von dem 200 g gewürzten Fischfilet und dem Ei eine Farce in der Moulinette zubereiten, erst zum Schluss die Sahne zugeben. Nochmals mit Zitrone, Salz und Pfeffer nachschmecken.
4 Filets in eine gebutterte feuerfeste Form legen, etwas Fischmousse darauf verteilen, Lachsfilet obenauf, wieder Fischmousse und jetzt das zweite Forellenfilet. Ca. 10 Minuten in den 200 °C heißen Ofen schieben.
Jetzt Weißbrotbrösel über die Filets streuen und nochmals kurz unter den Grill, bis sich eine goldgelbe Kruste bildet.
In der Zwischenzeit aus dem Fond zusammen mit etwas Sahne, Crème fraîche eine Soße ziehen. Nach Bedarf abbinden.
Als Beilagen eignen sich feine Nudeln und Blattspinat.

Hauptgang Fisch 85

# Badische Forellenkrautwickel

Auch Wirsingwickel eignen sich
zum Verstecken großer Leckereien!
1 Wirsingkopf, 300 g Lachsforellenfilet, 100 g geräuchertes
Forellenfilet, 3 Eier, Pfeffer, Salz, ca. ½ l saure Sahne
**Soße:** 2 Schalotten, etwas Butter, einen guten
¼ l Weißwein, 2–3 EL saure Sahne und 125 g Butter
(Rezept für 3–4 Personen)

### Rombach Nostalgie Gastronomie – Zum Kreuz – Krizwirts-Schiere, St. Peter

Die Wirsingblätter kurz im kochenden Wasser blanchieren. Das Forellenfilet zusammen mit Eiern, Gewürzen und Sahne im Mixer pürieren, bis eine feine, glatte Masse entsteht. Die Masse aus dem Mixer auf die Wirsingblätter geben und fest einrollen. Eine Auflaufform ausbuttern und die Forellenwickel darin im vorgeheizten Backofen bei 220 °C ungefähr 15 Minuten garen.
Für die Soße die gehackten Schalotten in etwas Butter andünsten, mit Weißwein auffüllen und bis zur Hälfte einkochen lassen. Frische Sahne hinzugeben, nach und nach die halb gesalzene Butter einrühren. Zum Schluss mit einem Schneebesen glatt rühren. Zum Anrichten die Soße über die Forellenkrautwickel gießen.

Hauptgang Fisch 87

# Lachsforellenfilet auf Grünkernrisotto mit Bärlauchsoße

200 g Grünkern, Salz und Pfeffer, 1 Zitrone
(abgeriebene Schale und Saft), 100 ml Sahne,
600 g Lachsforellenfilet mit Haut, Salz und Pfeffer,
Olivenöl zum Braten
**Soße:** 100 ml Fischfond (Gemüsebrühe geht auch),
2 cl Weißwein, Salz, 20 g Butter, 1 EL Mehl,
50 ml flüssige Sahne, 1 TL Bärlauchpesto
(Rezept für 4 Personen)

## Hotel Die Halde, Oberried-Hofsgrund

Den Grünkern etwa 24 Stunden in 1 l kaltem Wasser einweichen und quellen lassen. Die Körner abgießen, mit Wasser im Dampfkochtopf etwa 10 Minuten kochen und weitere 5 Minuten abstehen lassen. Die abgetropften Körner mit Sahne, Salz und Pfeffer erwärmen, mit Zitronenschale abschmecken.

Für die Soße die Butter in einem Topf zergehen lassen und das Mehl dazugeben und zu einer Mehlschwitze verrühren. Mit Weißwein und dem Fischfond auffüllen und 5 Minuten kochen lassen. Die Sahne zugießen und aufkochen lassen. Den Bärlauchpesto dazugeben und mit einem Stabmixer den Pesto untermixen. In der Zwischenzeit die Lachsforellenfilets mit Zitronensaft marinieren, mit Salz und Pfeffer würzen, mit Öl beidseitig gut bestreichen und auf einem heißen Rost kurz braten. Die Lachsforellenfilets auf dem Grünkernrisotto anrichten und mit der Bärlauchsoße umgießen.

Hauptgang Fisch 89

# Geschnetzelte Schwarzwaldforelle auf Gemüsenudeln (mit frischen Pfifferlingen)

4 frische Forellen, je nach Saison 200 g frische Pfifferlinge, 100 ml Fischfond oder Gemüsebrühe, 200 ml Sahne, 1 kleiner Bund Dill, Kerbel, Estragon, Gutedel, 40 g Butter, 2 Schalotten, Zitronensaft, Salz, Pfeffer
**Zutaten für Gemüsenudeln (400 g):** 350 g Mehl, 4 Eier, 1 TL Sonnenblumenöl, etwas Wasser (je nach Bedarf), 2 Karotten, 1 Stange Lauch, ¼ Sellerie
(Rezept für 4 Personen)

## Hotel Gasthof Hirschen, Schluchsee

Forellen filetieren, enthäuten und in 1,5 cm breite Streifen schneiden. In der Pfanne die feinen Schalottenwürfel und Butter kurz angehen lassen.

Den Fisch mit Salz, Pfeffer und Zitronensaft würzen und mit in die Pfanne geben. Dann das Ganze mit etwas Fond oder Brühe ablöschen, Sahne und frisch gehackten Dill hinzugeben. Etwas Gutedel (je nach Bedarf) dazu und kurz aufkochen lassen.

Gemüsenudeln: Gesiebtes Mehl zu einem Kranz formen. Die restlichen Zutaten in die Kranzmitte geben und alles von Hand zu einem festen und glatten Teig wirken. Den Teig mindestens 10 Minuten kneten, bis er elastisch ist. Dann 1 Stunde ruhen lassen. Den fertigen Teig vierteln. Die einzelnen Teigstücke ausrollen und in 3 mm dicke Streifen schneiden. Diese zu losen Nestern legen, damit sie nicht zusammenkleben. Danach in Salzwasser mit etwas Öl »al dente« sieden lassen.

Das Gemüse waschen und schälen und in 3 mm große Julienne schneiden. Danach kurz im Wasser abkochen. Die Gemüsestreifen werden beim Anschwenken unter die Nudeln gegeben.

Pfifferlinge: Die Pfifferlinge trocken putzen, mit Öl anschwitzen und mit Salz und Pfeffer würzen. Dann noch etwas Butter und die Kräuter zugeben.

Zum Schluss die Pfifferlinge über die Gemüsenudeln mit geschnetzelter Forelle anrichten.

Hauptgang Fisch 91

# Täschchen vom Waller mit Zitronenlauch und Schnittlauchkartoffeln

**200 g Wallerfilet (in 4 Stücken), 1 große Tomate,
4 Kartoffeln, Olivenöl, ½ Stange Lauch, 150 g Gemüsebrühe,
Zitronenschale, Schnittlauch, Salz, Pfeffer, Koriander
(Rezept für 4 Personen)**

### Hotel Nägele, Höchenschwand

1 Kartoffel in Würfel schneiden, in Öl anbraten, Tomate (in Würfel geschnitten) dazugeben, mit Salz und Pfeffer abschmecken. Die 4 Fischfilets plattieren. Auf eine Hälfte der Filets die Tomaten und Kartoffelwürfel geben, die andere Hälfte darüberklappen. Die Fischfilets in eine ausgebutterte und gewürzte Form geben und im Ofen bei ca. 100 °C 15 Minuten garen.

Lauch in feine Streifen schneiden, kurz in Olivenöl anschwitzen, Zitronenschale zugeben, mit Brühe ablöschen und 2 Minuten köcheln lassen. Mit Salz, Pfeffer und Koriander abschmecken.

Die anderen 3 Kartoffeln längs vierteln, tournieren und in Salzwasser garkochen. Abgießen und mit Schnittlauch bestreuen.

Den Lauch auf 4 Teller verteilen, die Filets darauflegen, mit Kräutern ausgarnieren, Kartoffeln separat reichen.

Hauptgang Fisch   93

# Kross gebratenes Zanderfilet auf Rahmsauerkraut mit Schupfnudeln

3–4 Stück 200–300 g große Zanderfilets (geschuppt)  **Rahmsauerkraut:** 1 Weißkohl, 1 Zwiebel, 500 ml Sahne, 400 g Crème fraîche, 100 g Sauerrahm, 220 g Brunoise, 2 g weißer, gemahlener Pfeffer, 50 g Salz, 2 l Rinderkraftbrühe (kann auch Gemüsebrühe sein), 1 Gewürzsäckchen: 2 Nelken, 5 Wacholderbeeren, 3 Lorbeerblätter, ein gestrichener Teelöffel Kümmel, 3 Körner Piment  **Schupfnudeln:** 500 g mehlig kochende Kartoffeln (am Vortag kochen oder gut ausdämpfen lassen!), 2 Eigelb, 80 g Mehl, 80 g Kartoffelmehl, Muskatnuss 100 g Butterschmalz oder Margarine (zum Braten), 50 g Butter (zum Schwenken von Schupfnudeln und Zander), Salz und weißer gemahlener Pfeffer
(Rezept für 4 Personen)

## Hotel-Restaurant Zum fröhlichen Landmann, Steinen-Kirchhausen

1. Rahmsauerkraut: Den Weißkohl in feine Streifen schneiden, Essig, Zucker, Salz, Pfeffer hinzufügen. Gut durchkneten, damit die Struktur des Krautes bricht und die Marinade einziehen kann. Eine Stunde ruhen lassen. Die Zwiebel in feine Streifen schneiden und glasig anschwitzen. Anschließend die fein geschnittenen und vorher separat angebratenen Speckwürfel hinzugeben, dann das Kraut auf schwacher Hitze garen, bis es weich ist (ca. 45 Minuten). Danach mit Crème fraîche und etwas Sauerrahm verfeinern.

2. Schupfnudeln: Einen breiten Topf mit Wasser aufsetzen und zum Kochen bringen. Sobald dieses kocht, wieder auf mittlere Hitze stellen (siedendes Wasser!). Zwischenzeitlich den Kartoffelteig herstellen. Die Kartoffeln durch eine Lochpresse in eine Schüssel pressen oder gut stampfen.

Nun gibt man 150 g Mehl, 150 g Kartoffelstärke (das Mehl und die Kartoffelstärke vorher vermischen!), geriebenen Muskat, etwas Salz und je nach Feuchtigkeit des Teiges noch 1–2 Eigelb hinzu. Mehrere ca. 30 cm und 1,5 cm dicke Rollen formen. Diese im Abstand von 0,5–1 cm durchschneiden und in Schupfnudelform bringen.

Danach werden die geformten Schupfnudeln in den Topf mit gesalzenem, siedendem Wasser gegeben. Nach ca. 20 Minuten, wenn die Schupfnudeln an der Wasseroberfläche schwimmen, werden sie zur Abkühlung mit einem Sieb in einen Behälter mit kaltem Wasser gegeben, kurz danach wieder aus dem Wasser gehoben und vorsichtig auf ein leicht geöltes Blech gelegt.

In einer vorgeheizten, beschichteten Pfanne mit etwas Butterschmalz oder Margarine goldgelb anbraten und am Schluss ein bisschen Butter hinzugeben und mit Salz und Pfeffer abschmecken.

3. Zanderfilets: Die Zanderfilets in rautenförmige Tranchen (ca. 60 g) schneiden und beidseitig mit Salz würzen. Die Zanderfilets im Öl (Butterschmalz) schwimmend braten.

Sobald die Haut goldgelb/knusprig ist, die Filetstücke wenden, das Fett abschütten, etwas Butter hinzugeben und abseits der Herdplatte so lange ziehen lassen, bis die Filetstücke in der Mitte nur noch leicht glasig sind.

Hauptgang Fisch 95

# Hauptgang vegetarisch

Manche mögens »grün« – immer mehr Menschen wenden sich einer mehr pflanzlichen Ernährung zu. Wer aus Überzeugung vegetarisch, vielleicht lacto-ovo-vegetabil isst oder solche Ernährungstage zur Entlastung einbaut, wird hier ein paar schmackhafte Variationen finden, welche die badische Küche zu bieten hat. Und wie man schnell sieht: Alle sind vollwertig und können auch großen Appetit befriedigen.

# Grünkernküchle und Flädleroulade mit einer Füllung von Spinat, Hirse, Belugalinsen

**250 g Grünkern (geschrotet), ¾ l Gemüsebrühe, 200 g Zwiebelwürfel, 200 g Gemüsewürfel, 2 Eier, 1 Knoblauchzehe, 1 Bund Petersilie oder Schnittlauch, Salz und Kümmelgemisch, Majoran, Semmelbrösel nach Bedarf, 2 eingeweichte Brötchen, 100 g Reibkäse, Butterschmalz**

### Gasthof Linde, Löffingen

Grünkernküchle: Zwiebelwürfel, Knoblauch und Gemüsewürfel in Öl anschwitzen, dann mit Brühe auffüllen. Grünkern einrieseln und mit Gewürzen abschmecken. 15 Minuten kochen und anschließend die Masse kalt stellen. Die abgekühlte Grünkernmasse mit Eiern und Käse vermengen und alles zu einem festen Teig verarbeiten. Sollte der Teig noch zu weich sein, nach Bedarf einige EL Semmelbrösel dazugeben. Handtellergroße »Küchle« formen und in heißem Butterschmalz knusprig ausbraten.

Für die Flädleroulade: 4 Kräuterpfannkuchen in einer Pfanne dünn ausbacken. Die kleinen Pfannkuchen mit Spinat auslegen, darüber ein bisschen Reibkäse, Hirse, Belugalinsen und ein paar rosa Pfefferkörner streuen und einwickeln. Im Ofen warm stellen, beim Servieren in drei Teile schneiden.
Dazu passen Butterspätzle.

Hauptgang vegetarisch 99

# Kürbisragout-Polenta

½ Zwiebel, 1 kg Muskatkürbis, 100 g Äpfel, 2 EL Olivenöl, 1 TL Salz, 1 TL Zucker, ½ TL frischer Ingwer, ½ TL Currypulver, 5 Körner grüner Pfeffer, 1 Sträußchen Oregano, ½ l frische Sahne

### Landgasthof Löwen, Wildberg-Schönbronn

Die Zwiebeln fein würfeln und in Olivenöl anschwitzen. Das Kürbisfleisch auslösen und von den Kernen befreien. Anschließend in grobe, aber mundgerechte Würfel zerteilen. Äpfel schälen, vom Kerngehäuse befreien und kleinwürfeln. Kürbis und Apfelwürfel zu den Zwiebeln zugeben und 1 Minute zugedeckt dämpfen. Die Kräuter und Gewürze beigeben, mit Sahne aufgießen und etwa 2 Minuten durchkochen.

Hauptgang vegetarisch 101

# Pilz-Lauchzwiebel-Ragout mit feinen Nudeln

800 g frische, geputzte Pfifferlinge oder Steinpilze, 150 g Zwiebelwürfel, 6 Lauchzwiebelstangen mittlerer Größe, 200 ml Kalbsfond (rein vegetarisch: Gemüsebrühe), 600 ml flüssige Sahne, 150 g Butter, Salz, Pfeffer aus der Mühle, gehackte Petersilie
(Rezept für 4 Personen)

### Landidyll-Hotel zum Kreuz, Glottertal

Pfifferlinge sorgfältig mit Pinsel trocken putzen, teilweise Stielansätze abschneiden und größere Pilze eventuell längs halbieren. Die Hälfte der Zwiebelwürfel mit der Hälfte der Butter glacieren, Pfifferlinge zugeben und 3 bis 4 Minuten mitschwitzen, salzen und herausnehmen. Restliche Butter und Zwiebeln zugeben, glasig dünsten, mit Kalbsfond ablöschen und mit flüssiger Sahne zur Bindung einkochen.

Pfifferlinge und geschnittene Lauchzwiebeln in der Soße kurz erwärmen, mit Salz und Pfeffer würzen, mit gehackter Petersilie bestreuen und mit feinen Nudeln servieren.

Hauptgang vegetarisch 103

# Mangold-Flädle-Roulade

**Flädleteig:** 60 g Mehl, 150 ml Milch,
2 Eier, 20 g flüssige Butter, Salz, Muskat,
30 g geriebener Bergkäse, Butter zum Ausbacken
**Füllung:** 1 kg Mangold, 1 Zwiebel,
½ Knoblauchzehe, 50 g Butter, 100 ml flüssige Sahne,
Salz, Pfeffer, Muskat, 80 g geriebener Bergkäse
(Rezept für 1 Roulade für 4 Personen)

### Hotel die Halde, Oberried-Hofsgrund

Für den Flädleteig das Mehl mit der flüssigen Butter und der Milch glattrühren, die Eier und den Bergkäse unter den Teig rühren und mit Salz und Muskat abschmecken. Den Teig als sehr dünne Pfannkuchen in einer Pfanne mit 15 cm Durchmesser ausbacken.

Die Zwiebel und den Knoblauch schälen und in sehr feine Würfel schneiden.

Den Mangold in Blätter und Stiele trennen. Die Stiele in 5 mm große Würfel schneiden. Die Blätter in feine Streifen schneiden. In kochendem Salzwasser die Würfel der Mangoldstiele etwa 3 Minuten bissfest kochen und danach mit einem Schaumlöffel in ein Küchensieb schöpfen und abtropfen lassen. Die Streifen der Mangoldblätter ebenfalls im kochenden Wasser kurz blanchieren, in ein Küchensieb gießen und unter fließend kaltem Wasser abschrecken, damit die grüne Farbe erhalten bleibt.

Die Zwiebeln und den Knoblauch in einem Topf mit der Butter andünsten und den Mangold dazugeben. Die Sahne angießen und zusammen so lange kochen, bis die Flüssigkeit fast komplett einreduziert ist. Den geriebenen Bergkäse dazugeben und mit Salz, Pfeffer und Muskat abschmecken.

Die Flädle mit dem Mangold füllen und einrollen. Eine Auflaufform mit Butter ausfetten, die Mangoldflädle hineinlegen, mit etwas Bergkäse bestreuen und im vorgeheizten Backofen bei 150 °C 15 Minuten backen.

Mit Salat servieren.

Hauptgang vegetarisch 105

# Spinatknödel auf Schwarzwurzel-Pilz-Ragout

200 g trockenes Weißbrot, 250 g gekochter Spinat, ½ Zwiebel, 1 Knoblauchzehe, 2 EL Olivenöl, 250 ml Milch, 70 g getrocknete Tomaten, 35 g geröstete Pinienkerne, 60 g Weißbrotbrösel, 3 Eier, Salz, Pfeffer, Muskatnuss
**Schwarzwurzel-Pilz-Ragout:** 2 Stangen geschälte Schwarzwurzeln, 300 g frische Pilze (z. B. Austernpilze, ShiiTake-Pilze, Champignons, Kräuterseitlinge), ½ Zwiebel, 50 g Butter, Salz, schwarzer Pfeffer aus der Mühle, je 3 EL gehackte Petersilie und geschnittener Schnittlauch, 100 ml Vollmilch, 50 g geschlagene Sahne, 1 Eigelb
(Rezept für 4 Personen)

## Hotel die Halde, Oberried-Hofsgrund

Das Weißbrot in kleine Würfel schneiden und in eine Schüssel geben. Den Spinat mit einem großen Messer auch grob hacken und zu dem Brot geben. Zwiebel und Knoblauch in feine Würfel schneiden und in etwas Olivenöl glasig anschwitzen und ebenfalls in die Schüssel geben. Die Milch aufkochen und über die Spinat-Brot-Masse geben. Die getrockneten Tomaten kleinschneiden, die gerösteten Pinienkerne hacken und beides zur Knödelmasse geben und miteinander vermengen. Die Eier und die Brösel unter die Masse rühren. Von Hand 60 g schwere Knödel formen und in gesalzenem, leicht siedendem Wasser etwa 10 Minuten leicht kochen.

Schwarzwurzel-Pilz-Ragout: Die Schwarzwurzeln diagonal in 3 mm dicke Scheiben schneiden, die Zwiebel in feine Würfel schneiden und beides in Butter bei geringer Hitze 5 Minuten glasig dünsten. Die Pilze vierteln, zu den Schwarzwurzeln geben, die Temperatur erhöhen und ebenfalls 5 Minuten mitschmoren. Die Milch dazugeben, auf die Hälfte einreduzieren und mit Salz und Pfeffer aus der Mühle abschmecken.
Die geschlagene Sahne und das Eigelb verrühren und damit das Pilzragout abbinden, das jetzt nicht mehr kochen darf, da sonst das Eigelb gerinnt. Die Kräuter dazugeben und zusammen mit den Spinatknödeln servieren.

Hauptgang vegetarisch 107

# Steinpilze mit Renchtäler Frischkäse und Kirschtomaten

50 g Zwiebeln, 200 g frische Steinpilze
(geputzt, ohne Schwamm), 200 g Renchtäler Frischkäse,
16 Kirschtomaten, Olivenöl, alter Balsamicoessig,
1 Sträußchen Basilikum

## Gasthof Sommerau, Bonndorf

Steinpilze grob würfeln, Zwiebeln im Olivenöl andünsten, Steinpilze dazugeben, salzen und kurz anbraten. Die halbierten Kirschtomaten dazu, bis sie gut warm sind – nicht zu heiß werden lassen, damit die Tomaten sich nicht schälen!
Alles in einen vorgewärmten Teller geben, mit zerpflücktem Frischkäse belegen und mit Pfeffer aus der Mühle würzen. Jetzt großzügig mit Olivenöl und altem Balsamico marinieren.
Dazu passt ein knuspriges, frisches Baguettebrot.

Hauptgang vegetarisch 109

# Hauptgang Wild

Der Besucher oder Urlauber im Schwarzwald, zumal wenn er aus alpinen Gegenden kommt, wundert sich erst einmal, dass auf Speisekarten von Naturparkwirten Gamsgerichte aufgeführt sind. »Ja, jibts denn hier Jemsen?«, möchte man eine alte Mundartschote zitieren. Ja, und sogar genug! Schließlich finden diese scheuen und auf ihrer Flucht vor Räubern auf steile Felslandschaften angewiesenen wilden Bergziegen im Höllental, im Zastlertal, rund um den Feldberg und Belchen durchaus rassige Felsenhänge vor.

Lange Zeit galt die Gams im Schwarzwald als ausgestorben; sie wurde erst Ende des 19. Jahrhunderts wieder eingeführt, wie auch nebenan bei unseren französischen Nachbarn in den Vogesen. Vorher wurden über 500 Jahre lang Gemsen nur als so genannte »Durchzügler« aus dem Allgäu, aus dem Vorarlberg und der Schweiz gesichtet und selten erlegt.

Kaum bekannt ist aber, dass die Gams bis zum 14. Jahrhundert als Standwild im Schwarzwald galt. Erst Ende des 14. Jahrhunderts wurde sie ausgerottet.

# Rehrücken,
# in Bergwiesenheu gedämpft,
# Steinpilze und Pfifferlinge

600 g Rehrücken schier von Haut und Sehnen befreit, Salz, Pfeffer, Wacholderbeeren, 500 g Bergwiesenheu, 400 g Steinpilze, geputzt und blättrig geschnitten, ½ Zwiebel, fein gewürfelt, Knoblauchzehe, kleingehackt, etwas gehackte Petersilie und fein geschnittener Schnittlauch, Salz und Pfeffer aus der Mühle
(Rezept für 4 Personen)

## Hotel Adler im Bärental, Feldberg-Bärental

Die Rehrückenkarkassen walnuss groß hacken, anbraten, Röstgemüse zugeben, tomatisieren, mit Rotwein glasieren und auffüllen; würzen mit Salz, Pfeffer, Wacholder, Piment und Balsamicoessig; zwei Stunden köcheln lassen; Soße passieren, nochmals abschmecken und vor dem Servieren mit kalten Butterstückchen montieren.

Die Rehrückenstränge mit Salz, Pfeffer und zerstoßenem Wacholder würzen und kurz rundherum in Butterschmalz gut anbraten. Das Fleisch nun in das Bergwiesenheu einschlagen und bei 80 °C im Ofen bei feuchter Hitze langsam ziehen lassen, bis das Fleisch die gewünschte Garstufe erreicht hat (Kerntemperatur 65 °C).

Die Steinpilze in einer ausreichend großen Pfanne in Butter anbraten, die feingewürfelten Zwiebeln und den Knoblauch zugeben und alles gut durchschwenken, mit Salz und Pfeffer aus der Mühle würzen und die gehackten Kräuter untermischen.

Die passierte Soße abschmecken, mit Butter aufmontieren; das Fleisch aus dem Heu wickeln, in gleichmäßige Tranchen schneiden, mit Soße napieren und die Kräutersteinpilze dazureichen.

Hierzu passen Spätzle oder Schupfnudeln mit Speckrosenkohl ausgezeichnet.

Hauptgang Wild

# Rotkrautroulade mit Hirsch-Vollkorn-Füllung, Kopfsalatnudeln mit Schlagrahm

**10 Rotkrautblätter vom Bodensee, 350 g Hirschschulter aus dem Wiesental, 80 g Spickspeck aus dem Naturpark, 50–100 g Vollkornbrot aus Utzenfeld, 2 Zweige Majoran aus Fahl, 1 kleine rote Zwiebel vom Bodensee, 1 Ei aus dem Naturpark, 2 Eiweiß aus dem Naturpark, etwas Petersilie aus dem Naturpark, Salz, Pfeffer, Senf, wenig Kümmel, Walnussöl, badische Eiernudeln grün aus dem Naturpark, Kopfsalatblätter vom Bodensee, frittierte Salbeiblätter aus Fahl, Schlagsahne aus dem Naturpark, 8 Scheiben Kochspeck, etwas Zucker für die Soße, Rotwein aus Baden**

### Hotel Lawine, Todtnau-Fahl

Zucker in einer Pfanne karamellisieren, mit Rotwein ablöschen, mit Kümmel, Salz und Pfeffer würzen. Die Rouladen in die Soße setzen, mit Deckel 5 Minuten reduzieren und ab und zu schütteln. Mit etwas Butter verfeinern.

Die gekochten grünen Nudeln in einer Pfanne mit Walnussöl erwärmen, Kopfsalatstreifen zufügen, mit geschlagener Sahne umrühren und schnell auf den Teller, die Roulade in der Mitte durchschneiden und anrichten, mit der Soße übergießen. Garnieren mit frittiertem Rosmarin.

Das Fleisch im Kutter mit etwas Sahne, Salz, Pfeffer, ein Ei, Petersilie, Majoran mixen.

Das Eiweiß schlagen, Vollkornbrötchen in Croûtons schneiden und mit etwas Butter braten und alles mischen.

Rotkrautblätter im Salzwasser blanchieren, mit der Farce füllen. Mit dem Speck umwickeln. Mit einem Dampfeinsatz 15–20 Minuten garen.

Hauptgang Wild

# Wildmaultaschen

**500 g gemischtes Wildfleisch (Reh, Wildschwein, Hirsch),
1 Zwiebel, 40 g Schwarzwälder Schinken,
10 g Spinat, 2 Brötchen vom Vortag, 1 Bund Petersilie,
Salz, Pfeffer, Thymian, Zimt, Wacholderbeeren,
Lorbeerblätter, Nelken, Öl, Nudelteig, 4 Hühnereier**

### Gasthof Café Nagoldquelle, Seewald-Urnagold

Zwiebel und Schinken in Streifen schneiden und in Öl anschwitzen, blanchierten Spinat und Petersilie zugeben und ebenfalls kurz mitdünsten. Auf Haarsieb geben und erkalten lassen.
Zwischenzeitlich das Wildfleisch und die zuvor in Milch eingeweichten und gut ausgedrückten Brötchen mit dem Fleischwolf faschieren. Nun auch das gedünstete Gemüse fein wolfen. Zur gesamten Masse 3 Eier geben, würzen mit Salz, Pfeffer, Thymian, Zimt, gemahlenen Wacholderbeeren, Lorbeerblättern und Nelken. Zu einer gleichmäßigen Masse vermengen. In Nudelteig wickeln, vor dem Verschließen des Teiges verquirltes Ei aufstreichen, schneiden und in wallend kochendes Salzwasser legen und ca. 8 Minuten am Siedepunkt garen.
Serviert mit gartenfrischen Salaten und Wildsoße.

Hauptgang Wild

# Wildschweinbratwurst mit Schwarzkraut

1 kg Schwarzkraut, 1 kg geschälte Kartoffeln,
1 l Hühnerbrühe oder alternativ Schäufelebrühe,
½ kg Zwiebelstreifen, ½ Bund Lauchzwiebeln, ½ Lauch,
100 g Butter, Salz, Pfeffer, Sahne zum Abschmecken
(Rezept für 16 Personen)

## Waldhotel Palmspring, Bad Peterstal-Griesbach

Schwarzkrautblätter waschen und in viel Wasser blanchieren. Zwiebeln mit Butter anziehen. Blanchiertes Schwarzkraut und grob gewürfelte Kartoffeln zugeben, mit Hühnerbrühe weichkochen und durch grobe Scheibe wolfen; mit Salz und Pfeffer abschmecken und mit Sahne verfeinern.
20 Minuten Gardauer.

Hauptgang Wild 119

# Badisches Rehschäufele

**900 g Rehschulter, 250 g Röstgemüse (grobwürflige, Zwiebeln, Karotten, Lauch, Sellerie), 50 g Margarine, 50 g Mehl, 2 EL Tomatenmark, ¼ l Rotwein, 2 l braune Brühe, 1 Kräutersträußchen (Petersilie, Lorbeer, Thymian, Pfefferkörner, Majoran, Koriander)**
**(Rezept für 4 Personen)**

## Hotel Schwarzwaldgasthof Rössle, Todtmoos-Strick

Die Schulter vom Metzger in ca. 220 g große Stücke sägen lassen. Fett in einer Schmorpfanne erhitzen. Die Fleischstücke mit Salz und Pfeffer würzen, einlegen und allseitig braun anbraten. Anschließend mit dem Röstgemüse gleich verfahren. Mit wenig Brühe ablöschen und den Bratensatz lose kochen.

Alles einkochen lassen, Tomatenmark dazugeben, rösten, mit Mehl abstäuben und nochmals ablöschen. Anschließend mit Brühe auffüllen, den Kräuterstrauß dazugeben und im Ofen bei 180 °C für ca. 1 ½ Stunden garen lassen. Danach abfetten, fehlende Bindung kann man durch etwas in Wein angerührte Stärke ergänzen. Sie wird in die kochende Soße eingerührt.

Als Beilagen empfehlen sich hausgemachte Spätzle und Apfelrotkohl, zur Garnierung Champignonscheiben.

Hauptgang Wild    121

# Gerollte Wildschweinschnitzelchen mit Dörrpflaumen gefüllt

6 Wildschweinschnitzelchen à 50 g, 2 fein gehackte
Schalotten, ¼ l Fleischbrühe, 1 EL Rotweinessig,
¼ l Rotwein, ⅛ l Sahne, 6 fein gewürfelte Dörrpflaumen,
½ TL zerriebene Wacholderbeeren, 1 TL Mehl mit etwas
Brühe verrührt, 2 EL Butter
(Rezept für 3–6 Personen)

### Rombach Nostalgie Gastronomie – Zum Kreuz – Krizwirts-Schiere, St. Peter

Dörrpflaumen mit ⅛ l Rotwein, Essig und Wacholderbeeren einkochen.

Schnitzel flachklopfen, pfeffern und salzen. Mit Dörrpflaumen belegen, zusammenrollen und mit Zahnstochern fixieren. Röllchen von allen Seiten in Butter sanft anbraten, dabei die Schalotten zugeben. Nach 3 Minuten Fleisch herausnehmen und warm stellen.

Bratensatz mit ⅛ l Rotwein und der Fleischbrühe ablöschen, um die Hälfte einkochen. Mehl und Sahne zugeben, aufkochen, Röllchen hineingeben und 2 Minuten gut durchkochen.

Dazu passen Spätzle und Rosenkohl.

Hauptgang Wild 123

# Rehbratwürste

**5 kg Rehfleisch sowie etwas Leber und Nieren gehackt,
1 l Mich, 3 Zwiebeln, in Scheiben geschnitten,
1 Fenchelknolle, 4 Stengel Petersilie,
je 1 Stengel Estragon, Thymian, Pfefferminze und
Basilikum, 3 Lorbeerblätter, 1 EL gehackter Schnittlauch,
3 gehackte Schalotten, 500 g Spinat, gehackt, 150 g fetter
Speck, in Würfel geschnitten, 10 Eigelb, verquirlt,
ca. 5 m Wurstdarm, 20 cl Südwein, 2 EL Olivenöl
Ergibt 16–18 Würste**

### Seehotel Wiesler, Titisee

Die Milch mit den Zwiebeln und allen Kräutern bei schwacher Hitze 1 ½ Stunden simmern lassen, bis die Milch um ca. ein Drittel eingekocht ist. Dann durch ein Sieb gießen und abkühlen lassen. Das durch den Fleischwolf gedrehte Fleisch, den Spinat, die Speckwürfel, eine Prise Salz und Pfeffer dazugeben. Das Eigelb dazugeben und langsam erhitzen, bis die Masse anfängt, fest zu werden. Nun den Wurstdarm locker füllen, sonst platzen die Würste beim Garen. Im Abstand von 12 cm einzelne Würste abdrehen. Die Würste in einen großen Topf geben und mit Wasser bedecken. Den Südwein dazugeben und langsam erhitzen bis zum Siedepunkt. Die Würste 15 Minuten garziehen lassen. Anschließend abtropfen lassen und eine Nacht kühl stellen.

Die Würste eignen sich besonders zum Grillen und schmecken am Besten, wenn sie hellbraun und knusprig sind.

Hauptgang Wild

# Münstertäler Gamsrücken in Waldpilzcrêpe mit Schupfnudeln

320 g Gamsrücken, ausgelöst und pariert, 160 g Fleischfarce mit 50 g angeschwenkten Pfifferlingen und Steinpilzen, 2 Kräutercrêpes, Durchmesser ca. 15 cm (ganz normale dünne Pfannkuchen mit Kräutern), 10 cl Rotweinsoße, 120 g Pfifferlinge
**Petersilienwurzelpüree:** 200 g Petersilienwurzeln, 80 g Butter, Salz, Pfeffer, Muskat
**Schupfnudeln:** 500 g Pellkartoffeln vom Vortag, 150 g Mehl, 1 Eigelb, 1 Ei, Salz, Pfeffer, Muskat
**Gemüse:** verschiedene Marktgemüse der Saison, blanchiert und in Butter glaciert
(Rezept für 4 Personen)

### Spielweg Romantik-Hotel, Münstertal

Die kalten Crêpes werden mit der Pilzfarce dünn bestrichen, die gewürzten Gamsrückenfilets darin eingerollt und in gebutterte Alufolie eingepackt. Im vorgeheizten Ofen bei 220 °C ca. 15 Minuten garen und 5 Minuten zugedeckt ruhen lassen.

Für das Petersilienwurzelpüree werden diese geschält und in Salzwasser gekocht. Im Ofen kurz ausdämpfen lassen und noch heiß im Mixer mit der kalten Butter laufen lassen, so wird das Püree schön aufmontiert. Mit Salz, Pfeffer und Muskat abschmecken.

Die Kartoffeln durch die Kartoffelpresse drücken und mit den Zutaten zu einem geschmeidigen Teig verarbeiten, dann ½ Stunde ruhen lassen und zu kleinen Kugeln formen. Diese Kugeln mit den Handinnenflächen »schupfen«, sodass gleichmäßige Schupfnudeln entstehen. Diese werden in Salzwasser ca. 5 Minuten gekocht und in schäumender Butter leicht angebraten.

Hauptgang Wild 127

# Holzwälder Rehrücken mit handgeschabten Spätzle in Wacholderrahm

1 Rehrücken auf dem Knochen, 2 Zwiebeln, 1 kleine Möhre, 2 Knoblauchzehen, etwas Sellerie, 1 EL Tomatenmark, 2 Prisen Zucker, 50 ml Öl, 50 ml Rotwein, 750 ml Brühe, 30 g Butter, 250 ml Sahne, 2 Blätter Wirsing, 200 g Mehl, 3 Eier, Salz, Pfeffer, Lorbeer, Wacholderbeeren, Thymian, Rosmarin
(Rezept für 4 Personen)

### Hotel Waldblick, Freudenstadt

Rehrücken und Filets vom Knochen ablösen und sauber parieren, den Knochen kleinhacken und in Öl goldbraun anbraten, gewürfelte Zwiebeln und Möhren beigeben und hell anbraten. Gewürze zugeben und mit Tomatenmark und Zucker kurz durchschwenken.

Mit dem Rotwein einkochen, den Soßenansatz mit Brühe aufgießen und ca. 1½ Stunden langsam einkochen. 150 ml Sahne zufügen und nochmals ½ Stunde einkochen. Die Soße passieren und abschmecken.

Von den Rehparüren etwa 100 g mit 100 g Sahne eine glatte Farce im Küchenmixer herstellen und abschmecken. Den Rehrücken mit Salz und Pfeffer würzen und anbraten, die Wirsingblätter nebeneinander auf ein gebuttertes Aluminiumpapier legen und dünn mit der Farce bestreichen, darin den Rehrücken fest einschlagen und im Backofen bei 160 °C etwa 12 Minuten rosa garen, danach warm stellen.

Das Mehl mit den Eiern zu einem zähen Teig schlagen und würzen, mit einem Brett und einer Palette in kochendes Salzwasser schaben. Spätzle in Butter anziehen und abschmecken. Den Rehrücken aus der Folie nehmen und aufschneiden, zusammen mit den Spätzle und der Soße anrichten.

Tipp: frische Pfifferlinge dazuservieren.

Hauptgang Wild 129

# Heimisches Sommerreh mit Pfifferlingen und Blattspinat

**700 g Rehrücken ohne Knochen,
3 EL Öl, 1 Zweig Rosmarin und Thymian,
Salz und Pfeffer aus der Mühle, 250 g kleine Pfifferlinge,
frischer Blattspinat vom Markt
(Rezept für 4 Personen)**

## Schäck's Adler, Elzach-Oberprechtal

Am Teller anrichten mit sautierten Pfifferlingen in einem Cassis-Balsamico-Jus.

Als Beilage empfehlen wir frischen Blattspinat mit hausgemachten Gnocchi, heimischen, frischen Beeren und Parmesanfäden ausgarniert.

Rehrücken in vier gleich große Portionen einteilen, mit Salz und Pfeffer würzen, anschließend im heißen Öl jede Seite 1 Minute kurz anbraten, dann die Kräuter in die Pfanne dazugeben. Bei 120 °C im Ofen ca. 5 Minuten weitergaren einschliesslich der Kräuter.

Hauptgang Wild 131

# Kaninchenrückenfilet im Schwarzwälder Schinkenmantel auf Gerstengraupenrisotto

150 g Graupen, 150 ml Gemüsebrühe,
150 ml badischer Weißwein, 1 Zwiebel, 1 Knoblauchzehe,
Salz, Pfeffer, Bergkäse, Gartenkräuter nach Saison,
4 Kaninchenrückenfilets, 4 dünne Scheiben
Schwarzwälder Schinken
(Rezept für 4 Personen)

### Landhaus Lauble, Hornberg

Die Graupen auf einem Sieb abspülen. Zwiebeln und Knoblauch schälen, fein schneiden und in einem Topf mit heißem Pflanzenfett glasig dünsten. Die Graupen zugeben und kurz anbraten. Dann die Brühe zugeben und bei geringer Hitze die Graupen ca. 20 Minuten garen. Dabei immer wieder umrühren und den Wein untermischen.

Bei Ende der Garzeit etwas geriebenen Bergkäse und frische Gartenkräuter zugeben.
Die Kaninchenrückenfilets putzen und in die Schwarzwälder Schinkenscheiben einrollen. Ringsum leicht anbraten und im Backofen bei 160 °C rosa garen. Auf dem Risotto anrichten.

Hauptgang Wild 133

# Hauptgang Rind/Kalb

Das **Vorderwälder Rind,** oder auch einfach nur **Vorderwälder** genannt, ist eine alte Hausrindrasse, die aus dem Südschwarzwald (Süddeutschland) stammt. Sie hat sich ebenso wie das Hinterwälder Rind den dortigen Verhältnissen hervorragend angepasst. Allerdings waren die beiden Rassen schon so gut wie ausgestorben. Beim Vorderwälder handelt es sich um ein mittelrahmiges Rind, das in Größe und Gewicht zwischen den Rassen Hinterwälder auf der einen Seite und Fleckvieh auf der anderen Seite anzusiedeln ist. Die Rinder sind rotscheckig bis rotblank mit weißen Köpfen mit Kopfabzeichen und hellen Hörnern, die Beine sind überwiegend weiß. Über einen Zuchtversuch wird die Hornlosigkeit in die Population eingebaut.

Das Vorderwälder Rind ist eine Zweinutzungsrasse mit etwa gleicher Betonung von Fleisch und Milch.

Tiere dieser Rasse gelten als besonders vital und langlebig. Sie zeichnen sich durch klare, gute Fundamente mit guter Winkelung und sehr guten Klauen aus. Hierdurch können sie auch als Beweider von extremen Standorten wie Hanglagen eingesetzt werden.

Das so genannte »Wäldervieh« wird erstmals 1544 erwähnt. Schon damals wurde zwischen einer größeren Rasse (den heutigen Vorderwäldern) und einer kleineren Rasse (den heutigen Hinterwäldern) unterschieden.

Durch ihre Anpassung an die härteren klimatischen und topografischen Verhältnisse sind die Vorder- und Hinterwälder Rinder im Fleisch weniger fettreich, dafür aber proteinhaltiger. Der Geschmack des Fleisches ist durch die naturbezogene Ernährung mit viel frischen Kräutern würziger. Da darf das Steak dann auch etwas mehr kosten.

# Tenderon von der Kalbsbrust, Kartoffelküchle

8 Scheiben von der Kalbsbrust, 2 EL Tomatenmark,
100 g Röstgemüse (Zwiebeln, Sellerie, Karotten, Lauch),
Weißwein, 4 dl Brühe oder Kalbsfond, Lorbeer, Wacholder,
Nelke, Pfefferkörner, Zweig frischer Rosmarin, Speisestärke
**Kartoffelküchle:** 1 kg Kartoffeln, Salz, Muskat, etwas
weißer Pfeffer, 70 g Speck, 2 EL gehackte
Petersilie, 1 Eigelb, etwa 1 EL Kartoffelmehl
(Rezept für 4 Personen)

### Landidyll-Hotel Restaurant Albtalblick, Häusern

Kalbsbrustscheiben zu einer U-Form binden, würzen und bei Hitze nebeneinander anbraten, überschüssiges Fett abschütten, Röstgemüse dazugeben und mit dem Tomatenmark tomatisieren, mehrmals mit dem Wein und etwas Brühe ablöschen und immer wieder einreduzieren lassen (dadurch entsteht eine schöne braune Farbe der Soße), anschließend mit der restlichen Brühe auffüllen, aufkochen lassen, würzen mit Lorbeer, Nelke, Pfefferkörnern und einem Rosmarinzweig. Das angebratene Fleisch hinzugeben und in der Soße garkochen lassen (45–60 Minuten). Das Fleisch öfters wenden. Wenn es gar ist, entnehmen und die Soße eventuell noch leicht mit der Speisestärke abbinden.

Die gekochten Pellkartoffeln schälen, durch eine Kartoffelpresse drücken, mit Salz, weißem Pfeffer und Muskat abschmecken. Angeschwitzte Speckwürfel und gehackte Petersilie hinzugeben, mit dem Eigelb und der Speisestärke binden, eventuell etwas Butter hinzufügen. Nach dem Vermengen die Masse in 4–5 cm dicke Rollen formen und kalt stellen (kann man alles gut am Vortag machen). Die Rollen in 1–2 cm dicke Scheiben schneiden, in wenig Butterschmalz (Butaris) vorsichtig anbraten.

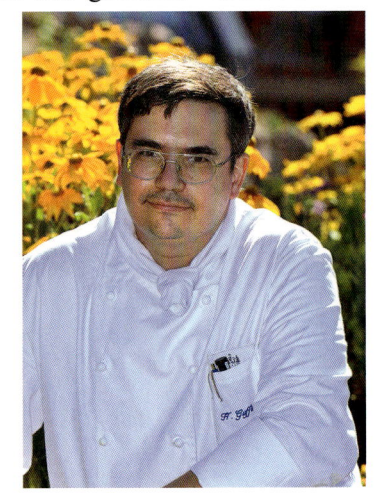

Hauptgang Weiderind (Hinterwälder, Vorderwälder) bzw. Kalb 137

# Rosa gebratenes Rinderfilet auf Bandnudeln mit Bärlauchpesto, Burgundersoße, gebratene Kirschtomaten

800 g Rinderfilet, 80 ml Erdnussöl, 300 g Bandnudeln, 600 g Kirschtomaten, 125 ml Spätburgunder, 2 EL Zwiebelwürfel, 250 ml demi glace/braune Soße, 120 g Bärlauch, 50 g Pinienkerne, 80 g Parmesan, frisch gerieben, 50 g Pecorino, frisch gerieben, 130 g Olivenöl, Salz und Pfeffer aus der Mühle
(Rezept für 4 Personen)

## Waldhotel Palmspring, Bad Peterstal-Griesbach

Grob zerhackten Bärlauch und Pinienkerne im Mörser zerstoßen, bis alles fein zerrieben ist. Den Käse nach und nach dazugeben und einarbeiten.

Nun Öl in feinem Strahl wie bei Mayonnaise einlaufen lassen und unterarbeiten.

Rinderfilet in heißer Pfanne in Erdnussöl von allen Seiten anbraten und im Ofen bei 200 °C nach Wunsch medium oder durch fertiggaren (rosa gebraten, sollte eine Kerntemperatur von ca. 55 °C haben).

Nudeln in leicht gesalzenem Wasser kochen, abschütten und mit dem einen Teil des Pesto vermengen; mit Pfeffer und Salz abschmecken.

Die Kirschtomaten halbieren und in Öl in heißer Pfanne kurz anbraten und mit Salz und Pfeffer würzen.

Die Nudeln in der Mitte des Tellers anrichten, das Rinderfilet in Scheiben schneiden und an die Nudeln legen; je einen Esslöffel Soße angießen und die Tomaten als Farbakzent auf die Nudeln setzen.

Hauptgang Weiderind (Hinterwälder, Vorderwälder) bzw. Kalb 139

# Hinterwälder Kalbsbriesle mit Pfifferlingen

800 g Milchkalbsbries, 1 Zwiebel, 1 Lorbeerblatt, 4 Nelken,
600 g Pfifferlinge, 2 Eier, 6 EL Butter, Salz, Pfeffer
**Soße:** ⅛ l Spätburgunder, ⅛ l Bratensaft,
1 Schalotte, 1 Estragonzweig, 1 Bund Petersilie,
1 EL gehackte Schalotten
(Rezept für 4 Personen)

### Berghotel Wiedener Eck, Wieden

Kalbsbries in gesalzenem Wasser mit Lorbeer, Nelken und Schalotten ca. 12 Minuten köcheln lassen. Im Wasser beiseite stellen und auskühlen lassen. Pfifferlinge putzen und bereitstellen, Eier verrühren, salzen und pfeffern, Bries parieren (putzen), in Scheiben schneiden, in Ei wenden und in einer Pfanne goldgelb ausbacken.
Soße: Die gehackten Schalotten samt Estragonzweig in Spätburgunder reduzieren und mit der Bratensoße auffüllen.

Das Bries aus der Pfanne nehmen, die Soße ins Bratenfett geben und den restlichen Spätburgunder dazugeben – kräftig durchkochen. Pfifferlinge in einer Pfanne mit heißer Butter anbraten, einen EL gehackte Schalotten dazugeben und durchschwenken. Salzen und pfeffern und die gehackte Petersilie dazugeben. Das Bries auf der Soße und den Pfifferlingen anrichten. Dazu servieren wir breite Nudeln.

Hauptgang Weiderind (Hinterwälder, Vorderwälder) bzw. Kalb 141

# Eingemachtes Kalbfleisch in Weißweinsoße mit Rüble und Erbsenschoten an Kartoffelstampf

**600 g Kalbshüfte/Tafelspitz ohne Knochen, 400 g Kalbszunge**
**Fond:** 1 Kräutersträußchen (Petersilie, Rosmarin, Thymian), Wurzelwerk (1 Karotte, 1 Lauch, 1 Sellerie, 1 Zwiebel)
**Gemüse:** 200 g kleine gelbe Rüble, 200 g rote Rüble (Rote Beete), 100 g Erbsenschoten
**Soße:** 100 ml Sahne, etwas Mehl, Fleischfond
**Kartoffelstampf:** 600 g Kartoffeln, mehlig oder vorwiegend fest, 100 g Butter
(Rezept für 4 Personen)

## Waldhotel am Notschrei, Oberried

Salzwasser zum Kochen bringen, Kalbfleisch einlegen und Temperatur auf ca. 80 °C reduzieren. Die Zunge sauber putzen, d.h., Fett- und Drüsengewebe wegschneiden und zum Fleisch einlegen, ein Lorbeerblatt und fünf Pimentkörner dazu, nach 30 Minuten das Wurzelwerk in Walnussgröße geschnitten dazu.
Die Zwiebel mit Schale halbieren, in heißer Pfanne ohne Fett auf der Schnittfläche kräftig rösten, das gibt dem Fond Farbe und Geschmack. Nun auch das Kräutersträußchen hinzugeben.
Während das Fleisch gart, die Kartoffeln schälen, in grobe Stücke schneiden und in kochendem Salzwasser garen.

Die gelben Rüble schälen, mit einem Tourniermesser achteln und in Form bringen, in Salzwasser weichkochen, kalt abschrecken. Die roten Rüble abbürsten, mit Schale im Salzwasser mit etwas Kümmel weichkochen, abschrecken, schälen und separat aufbewahren und weiterverarbeiten, da sie stark färben. Bei den Erbsenschoten die Fäden ziehen, 10 Sekunden blanchieren und abschrecken.
Wenn das Fleisch weich ist, vom Herd ziehen, die Zunge kalt abschrecken und sofort die Haut abziehen, bis zur Weiterverwendung in den Fond einlegen.
Die gegarten Kartoffeln abgießen, mit Butterflöckchen stampfen, mit Salz und Muskat würzen, abgedeckt warm stellen.
Für die Weißweinsoße: 200 ml vom Fleischfond mit Sahne und Riesling sämig kochen, evtl. etwas binden.
Anrichten: Das Kalbfleisch pro Portion in zwei Scheiben schneiden, ebenso die Zunge und kurz erhitzen, das Gemüse erhitzen, in etwas Butter und Honig schwenken, die roten Rüble achteln und separat anschwenken. Alles auf vorgewärmte Teller anrichten, mit der aufgeschäumten Soße nappieren.
Restliches Kalbfleisch in Weckgläser mit heißem Fond übergießen und somit »einmachen«. Schmeckt auch später warm oder kalt!

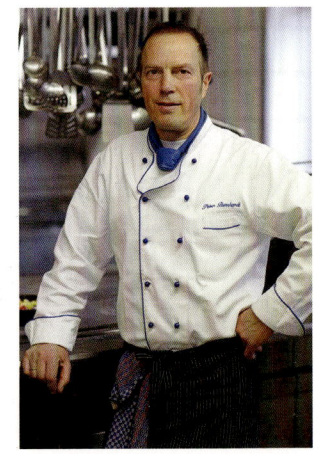

Hauptgang Weiderind (Hinterwälder, Vorderwälder) bzw. Kalb   143

# Kalbskopf en tortue
# mit Salzkartoffeln

**1 kleine Kalbskopfmaske, 1 Spickzwiebel, mit Lorbeerblättern
und Nelken gespickt, Salz, ¼ l Bratensoße,
2 EL Tomatenmark, 1 kg Kartoffeln
(Rezept für 4 Personen)**

### Hotel Schwarzwaldhof, Hinterzarten

Die Kalbskopfmaske ca. ½ Stunde kochen. Danach mit dem Messer die restlichen Haare abschaben. Auf der Innenseite der Maske alles ordentlich putzen. Es sollen nur die Bäckchen und der Gallert übrigbleiben. Zwischenzeitlich die Kartoffeln schälen, halbieren und in Salzwasser kochen. Die Maske in ca. 5 cm große Würfel schneiden und danach mit einer Spickzwiebel in gesalzenem Wasser ca. ½ Stunde kochen, bis die Würfel weich sind. Die Soße aufkochen und mit Tomatenmark abbinden. Die Kalbskopfwürfel in die Soße legen, das Ganze noch einmal aufkochen. Den Kalbskopf mit den Kartoffeln auf einem Teller anrichten. Als Garnitur 2 Scheiben Gewürzgurken, 1 gekochte Eischeibe und eine Olive.

Hauptgang Weiderind (Hinterwälder, Vorderwälder) bzw. Kalb   145

# Gekräuterte Roulade vom Wälder Rind

500 g Rinderfilet, Mittelstück, 1 EL Senf mittelscharf,
1 EL glatte Petersilie, gehackt, 1 EL Rosmarin, gehackt,
1 EL Thymian, gehackt, 1 EL Salbei gehackt, Salz und
Pfeffer aus der Mühle, 3 EL Olivenöl, 100 ml Portwein,
100 ml Rotwein, 150 ml Rinderbrühe, 1 EL Zucker,
Salz und Pfeffer
(Rezept für 4 Personen)

## Schwarzwaldgasthof zum Goldenen Adler, Oberried

Für die Roulade das Rinderfilet der Länge nach aufschneiden und flachklopfen. Gleichmäßig mit Senf bestreichen und mit den Kräutern bestreuen. Zu einer Roulade aufrollen, mit Salz und Pfeffer würzen und mit Wurstgarn zusammenbinden. Olivenöl in Pfanne geben und die Roulade von allen Seiten braun anbraten. Roulade aus der Pfanne nehmen und den Bratansatz mit dem Portwein und ⅔ des Rotweines ablöschen. Dann ⅔ der Brühe dazugeben. Das Fleisch wieder hinzugeben und für ca. 30 Minuten bei 140 °C im vorgeheizten Backofen auf der mittleren Schiene garen. Anschließend die Roulade aus der Soße nehmen und ruhen lassen. Zucker in einem kleinen Topf karamellisieren und mit dem restlichen Rotwein und der Brühe ablöschen. Die Rouladensoße hinzugeben und das Ganze einreduzieren lassen. Mit Salz und Pfeffer abschmecken.
2 Tranchen der Roulade auf Gemüsenudeln anrichten.

Hauptgang Weiderind (Hinterwälder, Vorderwälder) bzw. Kalb 147

# Hinterwälder Rumpsteak unter Bärlauchkruste

4 Rumpsteaks à 240 g vom Hinterwälder Rinderrücken,
300 g frischer Bärlauch, 100 g Butter, 100 g geriebenes Weißbrot, 30 ml Olivenöl
(Rezept für 4 Personen)

### Gasthof Linde, Löffingen

Bärlauch im Mixer mit Öl und Salz mixen, bis es eine homogene Masse gibt. Bärlauchpaste mit Butter und Weißbrot mischen. Rumpsteaks je Seite 2 Minuten anbraten, danach mit Bärlauchkruste bestreichen und 5 Minuten bei starker Oberhitze im Backofen medium garen. Als Beilage passen Kartoffelgratin oder Schupfnudeln sowie Gemüse.

Hauptgang Weiderind (Hinterwälder, Vorderwälder) bzw. Kalb

# Geschmorte Ochsenbäckle an einer Trollingersoße, dazu handgeschabte Bärlauchspätzle

4 Bäckle vom Rind, zugerichtet und püriert, je 200 bis 250 g, 500 ml Fond von der Brühe, 60 g Karottenwürfel, 60 g Selleriewürfel, 120 g Zwiebelwürfel, 2 EL Tomatenmark, 2 EL Bratfett, 250 ml Rotwein, Salz und Pfeffer
**Handgeschabte Bärlauchspätzle:** 250 g Mehl, 3 Eier, 250 ml Wasser, 1 Prise Salz, 50 g Bärlauchpesto
(Rezept für 4 Personen)

## Wellness & Natur Resort Schliffkopf, Baiersbronn

Die bratfertigen Rindsbäckle von allen Seiten gut würzen, in eine Pfanne mit heißem Fett geben und scharf anbraten. Das kleingeschnittene Gemüse ebenfalls dazu und anschwitzen. Zur Farbgebung das Tomatenmark hinzugeben und leicht anrösten lassen, danach mit Rotwein und Brühe ablöschen.

Den Bräter bei 180 °C in den Ofen stellen und 60 bis 90 Minuten schmoren lassen.

Vor dem Anrichten Bäckle entnehmen und Soße gegebenenfalls nachschmecken und binden.

Handgeschabte Bärlauchspätzle: Das gesiebte Mehl wird mit den restlichen Zutaten zu einem sehr glatten Teig geschlagen, bis er Blasen bildet. Beim Schaben der Spätzle wird der Teig in kleinen Mengen auf das angefeuchtete Spätzlebrett gegeben und danach mit einer Palette glattgestrichen. Dann schabt man mit der Palette dünne Teigstreifen vom Brett ins kochende Wasser. Nach dem Aufkochen direkt ins kalte Wasser tauchen.

Hauptgang Weiderind (Hinterwälder, Vorderwälder) bzw. Kalb 151

# Gaisburger Marsch

**500 g Rinderbugblatt, 2–3 Suppenknochen,
2 mittlere Karotten, ½ Sellerie,
1 Stange Lauch, das Weiße, 3 Salzkartoffeln,
3 Zwiebeln, 300 g hausgemachte Spätzle
(Rezept für 4 Personen)**

### Hotel »zum letzten G'stehr«, Bad Rippoldsau-Schapbach

Knochen blanchieren, in 3 l kaltem Wasser zum Kochen bringen. Fleisch und ½ gebräunte Zwiebel ins kochende Wasser geben, bei schwacher Hitze 1 ½ Stunden garen. Fleisch warm stellen. Brühe passieren, in Rauten geschnittenes Gemüse und gewürfelte Kartoffeln in der Brühe garen, würzen.

½ Zwiebel in Streifen schneiden, in Butter anbraten, Paniermehl unterheben und zum Schluss auf den Eintopf geben.
Rindfleisch würfeln, mit Spätzle in Brühe geben, kurz erwärmen.

Hauptgang Weiderind (Hinterwälder, Vorderwälder) bzw. Kalb

# Kalbskutteln mit Morcheln an leichter Senfsoße und gebratenem Kalbsnierle

4 Schalotten, 100 ml Olivenöl, 250 ml trockener Riesling,
300 ml Fleischbrühe, 250 ml saure Sahne,
125 g frische Morcheln, 400 g Kalbsnierle,
400 g geputzte, fertig gekochte Kalbskutteln (vom Metzger),
½ Bund glatte Petersilie
(Rezept für 4 Personen)

## Spielweg Romantik-Hotel, Münstertal

Die Schalotten schälen, in dünne Scheiben schneiden und in Butter anschwitzen, die Morcheln zugeben und kurz mitdünsten, 1 EL groben und 1 TL normalen Senf zugeben und sofort mit dem Weißwein ablöschen. Brühe, Sahne und Kutteln zugeben und ca. 10 Minuten köcheln lassen. Die Schalotten binden nach der Kochzeit den Fond etwas ab. Wenn nötig, den Fond mit wenig Speisestärke binden. Petersilie waschen, trockenschütteln, Blätter abzupfen, kleinschneiden und zugeben. Ganz zum Schluss die Kalbsnierle in schäumender Butter anschwenken, erst zum Schluss mit Salz und Pfeffer würzen und anrichten. Beilage: feine Nudeln.

Hauptgang Weiderind (Hinterwälder, Vorderwälder) bzw. Kalb

# Rostbraten vom Weiderindfilet mit Spätburgunderzwiebeln, Mangold und Spätzle

**Filet:** 720 g Rinderfilet vom Weiderind, Salz, Pfeffer
**Soße:** 600 ml dunkler Kalbsfond, 100 ml Portwein, 100 ml Spätburgunder
**Spätburgunderzwiebeln:** 2 Gemüsezwiebeln, 100 ml Spätburgunder, Salz, Pfeffer, Zucker, etwas Pflanzenöl
**Mangold:** 500 g Mangold, 1 Schalotte, 25 g Butter, Salz, Pfeffer, Zucker
**Spätzle:** 200 g Mehl, 4 Eier, Salz, Pfeffer, Muskatnuss, etwas Butter
(Rezept für 4 Personen)

## Schwarzwaldgasthof zum »Waldhüter«, Schopfheim-Gersbach

Die Filets auf beiden Seiten 3 Minuten braten und dann einige Minuten bei niedriger Temperatur im Ofen ruhen lassen. Vor dem Servieren salzen und pfeffern.

Soße: Den dunklen Kalbsfond auf die Hälfte einreduzieren lassen. Spätburgunder und Portwein in einen Topf geben und ebenfalls auf die Hälfte einreduzieren lassen. Den reduzierten Wein zu dem Fond geben und nochmals auf die Hälfte einkochen lassen.

Spätburgunderzwiebeln: Zwiebeln schälen und in Ringe schneiden. In einer Pfanne das Öl erhitzen, die Zwiebelringe zufügen und anschwitzen. Salz, Pfeffer und Zucker zufügen und die Zwiebeln durchschwenken. Nach und nach mit Spätburgunder ablöschen und wieder einreduzieren lassen.

Mangold: Mangold waschen und die Stiele entfernen. Jetzt die Mangoldblätter kurz (ca. 3 Sekunden) in kochendem Salzwasser blanchieren und sofort in Eiswasser abschrecken und abtropfen lassen.

Schalotte schälen und in kleine Würfel schneiden. Schalottenwürfel in Butter anschwitzen lassen. Die Mangoldblätter zugeben und mit Salz, Pfeffer und etwas Zucker abschmecken.

Spätzle: Eier in eine Schüssel geben und gesiebtes Mehl dazugeben. Mit Salz, Pfeffer und Muskat würzen.

Das Ganze so lange mit einem Kochlöffel schlagen, bis der Teig Blasen schlägt. Den Teig nun mit einem Spätzlehobel oder einer Spätzlepresse in kochendes Salzwasser geben (Profis können natürlich auch vom Brett schaben). Die fertigen Spätzle in etwas Butter anschwenken.

Hauptgang Weiderind (Hinterwälder, Vorderwälder) bzw. Kalb 157

# Steak aus dem Rücken vom Gutacher Freilandangus, mit Nussbacher Bergkäse und Schwarzwälder Schinken gefüllt, dazu Brägele und Buschbohnen

800 g Rumpsteak, 150 g Rohmilchkäse »Münster Art« oder
Bergkäse, 4 Scheiben Schinkenspeck, dünn geschnitten,
800 g Kartoffeln, fest kochend für Bratkartoffeln,
600 g Buschbohnen, Salz, Pfeffer, Zwiebeln, Knoblauch
(Rezept für 4 Personen)

### Gasthaus und Pension »Zum Schützen«, Hornberg

Dem Rindersteak in der Mitte eine kleine Tasche schneiden, mit Käse und Schinkenspeck füllen.

Kurz von beiden Seiten anbraten und in eine feuerfeste Form legen, danach würzen mit Salz und Pfeffer. Backofen bis 130 °C vorheizen.

Kartoffeln aufstellen ohne Salz und kochen. Wenn Kartoffeln gar sind, schälen und Kartoffeln in dünne Scheiben schneiden. Pfanne mit Schweineschmalz oder Butterschmalz heiß werden lassen, dann Kartoffeln dazugeben. So lange braten, bis eine schöne Farbe entsteht.

Buschbohnen oben und unten abschneiden und in kochendem Wasser blanchieren. Im Eiswasser abkühlen.

Nun Zwiebeln, Knoblauch in Butterschmalz andünsten und Bohnen dazugeben. Mit Salz und Pfeffer abschmecken.

Steak ca. 12 Minuten in den vorgeheizten Backofen geben und anrichten.

Hauptgang Weiderind (Hinterwälder, Vorderwälder) bzw. Kalb

# Ochsenbäckle in Dunkelbier-Quitten-Jus auf Karottenstempel mit grünem Kartoffelpüree

**Ochsenbacken:** 750 g Ochsenbacken (Kinnbäckle), beim Metzger vorbestellen, 1 Zwiebel, 1 Knoblauchzehe, 3 Stiele Blattpetersilie, 1 Nelke, 1 Lorbeerblatt, 50 ml Pflanzenöl zum Anbraten, 30 g Tomatenmark, 200 ml Rotwein, 10 g Zucker, etwas Salz, Pfeffer aus der Mühle  **Dunkelbier-Quitten-Jus:** 1 l Dunkelbier oder Malzbier, 80 g Quittengelee, 40 g Tomatenmark  **Karottenstengel:** 300 g Karotten, 40 g Butter, 10 g Zucker, Salz
**Grünes Kartoffelpüree:** 400 g Kartoffeln, 100 ml Milch, 50 g Butter, 50 g Blattpetersilie, 50 ml Olivenöl, etwas Salz, Pfeffer, Muskatnuss aus der Mühle
(Rezept für 4 Personen)

## Landhotel Mühle zu Gersbach, Schopfheim-Gersbach

Am besten schon am Vortag die Ochsenbacken mit Salz, Pfeffer und Zucker würzen, in heißem Öl anbraten mit der grob gewürfelten Zwiebel und Knoblauchzehe. Das Tomatenmark zugeben, etwas anrösten und mit Rotwein ablöschen. Mit 2 l Wasser auffüllen und ca. 4 Stunden bei schwacher Hitze ziehen lassen, Ochsenbacken herausnehmen und auskühlen lassen. Die Soße so weit einkochen, bis eine kräftige, dunkle Soße entstanden ist.
Dunkelbier-Quitten-Jus: Alle Zutaten vermischen und bis auf ¼ der Menge reduzieren. Diese Reduktion mit der kräftigen Ochsenbackensoße abschmecken. Die kalten Ochsenbacken portionieren und in der fertigen Soße nochmals erwärmen, so werden die Geleeschichten im Fleisch butterzart.

Die Karotten schälen und in Stifte wie Pommes frites schneiden. Wurzelgemüse putzen und je nach Sorte in Streifen, Würfel oder Rauten schneiden und in etwas Salzwasser ca. 3 Minuten blanchieren. Zum Anrichten Zucker in der heißen Pfanne mit Zucker karamellisieren, die Karotten zugeben und mit Salz würzen.
Grünes Kartoffelpüree: Kartoffeln schälen und in Wasser weichkochen, abschütten und durch eine Kartoffelpresse drücken. Butter, Salz, Muskat und Pfeffer zugeben, anschließend heiße Milch mit dem Schneebesen einrühren. Blattpetersilie mit dem Olivenöl pürieren und damit das Kartoffelpüree kurz vor Anrichten einfärben und abschmecken. Kartoffelpüree auf den Teller neben den glacierten Karotten anrichten, Ochsenbacken anlegen und mit Soße begießen.

Hauptgang Weiderind (Hinterwälder, Vorderwälder) bzw. Kalb

# Hauptgang Lamm, Zicklein

Neben dem Rind sind Schafe und Ziegen die klassischen »Pfleger« der Wiesen, Weiden und Almen der beiden Naturparke im Schwarzwald. Die beiden Arten erfreuen sich auch wegen der Käsegewinnung und vor allem bei den Ziegen wegen der guten Verträglichkeit der Milch zunehmender Wertschätzung. Höfe, die Schafe und Ziegen halten, werden nach strengen Richtlinien überprüft.

»Wir haben lange Zeit unsere kleinen Bauernhöfe im Schwarzwald unterschätzt«, stellt der Geschäftsführer von »Echt Schwarzwald«, Klaus Binder, fest. »Tatsächlich ist es kein Nachteil, dass uns der Platz für große Ställe und der Ackerbau für die Mast fehlen. Wenn die Rinder und Schafe stattdessen das Gras auf den steilen Schwarzwaldbuckeln fressen, entstehen daraus ganz besondere und hochwertige Produkte.«

# Lammrücken an Rotweinsoße mit gefüllter Zucchiniblüte und Herzoginkartoffeln

640 g Lammrückenfilets (4x160 g), Rosmarin, Salz, Pfeffer,
3 Schalotten, 50 ml Rotwein, 100 ml Jus, 4 Zucchiniblüten,
100 g Lammfleisch, 1 altbackenes Brötchen, Majoran,
250 g Kartoffeln, 1 Eigelb, Muskat, Butterflocken
(Rezept für 4 Personen)

### Hotel Nägele, Höchenschwand

Die Kartoffeln kochen, durchpassieren und mit dem Eigelb mischen. Mit Salz und Muskat abschmecken. Die Masse mit einem Dressierbeutel rosettenförmig auf ein Backblech spritzen, im Ofen bei 200 °C 10 Minuten goldbraun backen.

Für die Soße eine Schalotte würfeln, andünsten und mit Rotwein ablöschen. Den Jus dazugeben und kurz einreduzieren lassen.

Aus dem Lammfleisch, den Schalotten, der Butter, den Brötchen und Kräutern im Mixer eine Farce herstellen. Die Blüten damit füllen. Mit Dampf etwa 3 Minuten garen. Die Lammrückenfilets mit Salz, Pfeffer und Majoran marinieren und anschließend medium braten.

Auf 4 Tellern anrichten und mit der Soße, den Herzoginkartoffeln und der Zucchiniblüte ausgarnieren.

Hauptgang Lamm, Zicklein 165

# St.-Petermer Zicklein mit mariniertem Bioland-Sellerie

2,5 kg Zickleinschulter und Brust mit Knochen, 300 g Wurzelgemüse (Zwiebel, Lauch, Sellerie, Karotte, nussgroß zerkleinern), 300 g Tomaten, geviertelt, 200 ml Olivenöl, 2 l Gemüsefond, 200 ml lieblicher Weißwein, 150 g Butter, 1 Sellerieknolle, geschält, in ½ cm dicke Scheiben geschnitten und im Salzwasser weichblanchiert. Den Sellerie in 20 x 8 cm Durchmesser Scheiben ausstechen und bereithalten.
**Gewürze:** Salz, Pfeffer, Muskat, Thymian, Knoblauch, Lorbeerblatt und Rosmarin
(Rezept für 10 Personen)

## Hotel Restaurant Sonne, St. Peter

Das Zicklein mit Salz und Pfeffer würzen, von allen Seiten in Olivenöl leicht anbraten. Wurzelgemüse, Tomaten zugeben und mitdünsten. Mit Weißwein ablöschen und mit Gemüsefond auffüllen und aufkochen. Das Zicklein abgedeckt 2 Stunden bei 150 °C verschlossen im Schmortopf weichgaren.

Das weitere Zickleinfleisch von der Schulter mit dem Sellerie wie ein Sandwich in Ringe mit 2 cm Höhe füllen und bereithalten. Die Brust mehlieren und auf dem Grill ganz knusprig auf der Hautseite braten.

Die Schmorsoße passieren, entfetten und reduzieren um $\frac{1}{3}$. Mit Butterflocken die Soße binden. Das Zickleinfleisch mit der Soße umgießen.

Als Beilage passen Bubespitzle, kleine Saisongemüse und gezupfte Gartenkräuter.

Hauptgang Lamm, Zicklein 167

# Markgräfler Milchlammrücken unter Huflattichkruste mit Bärlauchpolenta auf geschmolzenen Tomaten mit Veilchen

**1200 g Lammlachse, 50 g Olivenöl, 50 g Huflattichblüten,
130 g Toastbrot, 150 g Butter, 2 Eier, 600 g Tomaten, 10 g Knoblauch,
50 g Frühlingszwiebeln, Salz, Pfeffer aus der Mühle, 12 Veilchenblüten**
**Bärlauchpolenta: 70 g Maismehl, mittelfein, 200 g Milch,
200 g Fleischbrühe, 50 g Parmesan, 50 g Bärlauch, Salz und Pfeffer**
(Rezept für 6 Personen)

## Berggasthof-Hotel Sonnhalde, Bürchau

Die gesamte Ware zusammenstellen und abwiegen. Huflattichblüten zupfen, die Tomaten schälen und in feine Würfel schneiden. Vom Toastbrot die Rinde abschneiden und würfeln. Den Knoblauch schälen und hacken. Die Frühlingszwiebeln putzen und in Röllchen schneiden. Die Butter schmelzen lassen, die Huflattichblüten und die Eier dazugeben. Alles zusammen durchmixen und dünn auf Backpapier ausstreichen. Danach 1 Stunde ins Gefrierfach legen. Die Lammlachse in 6 Stück à 200 g schneiden. Mit Salz und Pfeffer würzen und in einer Pfanne von beiden Seiten anbraten. Die Lammlachse herausnehmen und auf ein Blech legen. Jetzt die gefrorene Kruste auf das Fleisch verteilen und bei 100 °C im Backofen ca. 10 Minuten gar ziehen lassen. In der Fleischpfanne den Knoblauch und die Frühlingszwiebeln andünsten. Die Tomatenwürfel dazugeben und leicht erhitzen und mit Salz und Pfeffer abschmecken.

Die geschmolzenen Tomaten auf einem Teller anrichten, die rosa gebratener Lammlachse in drei Teile schneiden und auf die Tomaten legen. Daneben richten wir noch die Bärlauchpolenta an und verzieren das Gericht mit Kräutern und Veilchen.

Bärlauchpolenta: Die gesamte Ware zusammenstellen und abwiegen. Den Bärlauch verlesen, waschen und fein hacken. Fleischbrühe herstellen. Die Milch mit der Fleischbrühe aufkochen, das Maismehl einrühren und den Bärlauch dazugeben. Bei schwacher Hitze 5 Minuten köcheln lassen, bis alles zu einem dicken Brei wird. Nun den Parmesan hineinstreuen und gut durchrühren. Die Bärlauchpolenta passt hervorragend zu Lamm.

Hauptgang Lamm, Zicklein 169

# Hauptgang Schwein

Das Schwein wird im Schwarzwald weniger als Haustier oder zur Fleischerzeugung gehalten. Zuchtbetriebe gibt es kaum. Wohl dem Gastronomen oder dem Haushalt, der einen Metzger oder einen Landwirt kennt, bei dem er frisches Schweinefleisch aus der Nachbarschaft erhalten kann.

Das hängt damit zusammen, dass Schweinefleisch im Schwarzwald traditionell zu Schinken und Speck weiterverarbeitet, durch Lufttrocknung oder Räuchern eben haltbar gemacht wird. Daher ist es, wenn im Handel erhältlich, meist aus anderen Regionen, wobei unsere Naturparkwirte, ihren Prinzipien treu, gerne auf das hervorragende Hohenloher Schwein aus dem benachbarten nördlichen Naturpark zurückgreifen.

Daher ist die Rezeptsammlung mit Schweinefleisch hier beschränkt. Auf die Beschreibung eines Klassikers wie »Schäufele mit Sauerkraut« verzichten wir ob der Einfachheit gleich ganz.

# Schweinelendchen in Weizenbiersoße, buntes Gemüse und Butterspätzle

**600 g Schweinelende, von Sehnen und Häuten befreit, portioniert in Medaillons à 50 g, Salz und Pfeffer aus der Mühle, 500 ml Bratensaft, 500 ml Weizenbier, 80 g Zucker, Saft und Schale einer Zitrone, gemahlener Kümmel**
**(Rezept für 4 Personen)**

## Hotel Adler im Bärental, Feldberg-Bärental

Für die Soße den Zucker karamellisieren und mit dem Weizenbier und dem Bratensaft ablöschen; bei leichter Hitze auf die Hälfte einkochen lassen und mit Kümmel und Zitrone abschmecken.

Die Medaillons kurz in Butterschmalz rundherum anbraten und in der heißen Soße 10 Minuten ziehen lassen; die Soße darf hierbei nicht mehr kochen.

Die gewünschten Gemüse putzen und zerkleinern und auf Biss blanchieren; kalt abschrecken. Butter in einer Pfanne zergehen lassen, die Gemüse zugeben, mit Salz und einer kräftigen Prise Zucker würzen. Etwas Gemüsebrühe zugeben und die Gemüse unter langsamer Hitzezufuhr wieder erhitzen und dabei glasieren.

Die vorbereiteten Spätzle im Dampf erwärmen, in Butter schwenken und mit Salz und Muskat würzen. Die Medaillons aus der Soße nehmen, auf vorgewärmten Tellern anrichten, mit dem Gemüse umlegen und mit Soße napieren; die Spätzle à part reichen.

Hauptgang Schwein   173

# Spargel-Panna cotta mit gegrilltem Ferkel auf Bärlauchöl

500 g Stangenspargel, 500 ml Sahne, 6 Blatt Gelatine,
50 g Butter, 1 Prise Zucker, 300 g Schweinebauch vom Ferkel
beim Metzger bestellen, 100 ml Sojasoße, 30 g Honig,
50 ml Öl, 1 TL bunter Pfeffer, 20 Bärlauchblätter,
100 ml Olivenöl, Salz, Zucker und Pfeffer
(Rezept für 4 Personen)

## Landhotel Mühle zu Gersbach, Schopfheim-Gersbach

Spargel schälen und schräg in 5 mm dicke Streifen schneiden. Butter in einer Pfanne auslassen. Zucker zugeben und den Spargel darin 2–3 Minuten anschwitzen. Spargelspitzen für die Dekoration herausnehmen. Sahne zugeben, einmal aufkochen und abschmecken. Kurz vor dem Auskühlen die aufgelöste Gelatine zugeben und die Masse in kleine Tassen oder Weckgläser einfüllen. Kühl stellen.

Bacon-Ferkelspeck mit der Soße, Honig und Gewürzen marinieren und im Backofen bei 120 °C für 40 Minuten ausbacken.
Bärlauchblätter waschen, mit dem Öl pürieren und abschmecken. Dieses Öl kann in einem Schraubglas mehrere Wochen im Kühlschrank gelagert werden. Panna cotta stürzen oder im Weckglas mit den Spargelspitzen garnieren, heißer Bacon aufschneiden und anlegen, zum Schluss mit Bärlauchöl nappieren.

Hauptgang Schwein

# Gebackene Blutwurst in Bauernbrotpanade mit Apfel-Senf-Soße und Schupfnudeln

**Soße:** 200 ml Apfelsaft, 200 ml kräftige Rinderbrühe, Salz, Pfeffer, Zucker und 1 TL mittelscharfer Senf, Stärke zur Bindung, 50 g kalte Butter, in kleine Würfel geschnitten, 1 kleiner Apfel, in feine Würfel geschnitten
**Blutwurst:** 100 g angetrocknetes Bauernbrot, 8 Scheiben Blutwurst à 60 g, 1 Ei, etwas Mehl und Öl
**Schupfnudeln:** 350 g Kartoffeln, 100 g Mehl, 3 Eigelb, Muskat, Salz und Pfeffer, Butter zum Braten
(Rezept für 4 Personen)

## Silence Hotel Adler, Wolfach

Soße: Den Apfelsaft und die Brühe auf die Hälfte einkochen. Nach Wunsch abbinden und mit der Butter montieren. Mit dem Senf und Gewürzen nach Wunsch abschmecken und die Apfelwürfelchen zugeben.

Blutwürste: Bauernbrot in der Küchenmaschine zu Paniermehl verarbeiten. Die Blutwurstscheiben panieren und kross braten.

Schupfnudeln: Kartoffeln in der Schale in Salzwasser weichkochen, gut ausdämpfen lassen und durch eine Kartoffelpresse drücken. 250 g Masse mit Mehl und Eigelb zu einer Masse verarbeiten und mit Muskat, Salz und Pfeffer abschmecken. Schupfnudeln abdrehen, blanchieren und in Butter anbraten.

Als Garnitur eignen sich gedünstete Apfelspalten, Apfelchips und frische Kräuter.

Hauptgang Schwein 177

# Badische Schinkenknöpfle

**350 g Schwarzwälder Kochschinken, 1 Zwiebel, 1 Bund Petersilie, 100 g Butter, 4 helle Brötchen (vom Vortag), 250 ml Milch, 250 g Mehl, 5 Eier, Muskat, etwas Knoblauch, Salz, Pfeffer, Zucker**
(Rezept für 4 Personen)

## Wochner's Hotel Sternen, Schluchsee

Gekochten Schinken in feine Würfel schneiden. Zwiebel und Petersilie feinhacken und in Butter andünsten, etwas Salz, Zucker, Schinken dazugeben. Die Brötchen in Würfel schneiden und mit heißer Milch übergießen, etwas quellen lassen. Den Schinken, Eier, Mehl und Gewürze dazugeben und gut vermischen. Mit 2 Esslöffeln zu Nocken abstechen und zu Schinkenknöpfle formen. In einen großen Topf mit kochendem Salzwasser geben und 10 Minuten ziehen lassen.
Schinkenknöpfle mit Röstzwiebeln und Kartoffelsalat oder mit Sauerkraut servieren.

Hauptgang Schwein 179

# Kartoffelstrudel

**800 g Kartoffeln (festkochend), 300 g Sahne,
3 Eier, 1 Zwiebel, 300 g Speck, frische Kräuter,
Muskat, Salz, Pfeffer, Blätterteig
(Rezept für 6 Personen)**

## Wochner's Hotel Sternen, Schluchsee

Kartoffeln kochen, dann ausdampfen lassen, zum Brei pressen. Speck und Zwiebel in Würfel schneiden und mit etwas Margarine andünsten. Kartoffeln, Speckschmelze, Sahne, Eier, Kräuter und Gewürze gut vermischen.

Den Blätterteig ausrollen, dann die Kartoffelmasse in die Mitte des Blätterteigs geben und einschlagen. Den Blätterteig mit etwas Eigelb einpinseln.

Im vorgeheizten Backofen bei 180–200 °C ca. 20 Minuten backen.

Hauptgang Schwein 181

# Die Käseroute im Naturpark Südschwarzwald

Im Mittelalter wurden auf den Höfen im Schwarzwald vielerlei Käsesorten hergestellt, denn es galt, auf den abgelegenen Bauernhöfen die Milch der »Wälderkuh« haltbar zu machen. Diese Tradition ruhte über Jahrhunderte und wurde in den letzten Jahren von einigen Milchbauern und mit Unterstützung der Naturparke wieder zum Leben erweckt. Die Tradition des »Bibiliskäs«* im Schwarzwald wurde über verschiedene Weichkäsesorten bis zum lang gereiften Bergkäse fortgeführt. Das Aroma und der Geschmack des Käses ist das Produkt aus saftigen, kräuterreichen Wiesen und Weiden sowie einer schmackhaften und hochwertigen Milch.

Mit der »Käseroute« schlossen sich im Naturpark Südschwarzwald 18 Hofkäsereien zusammen, um die Ziegen-, Schafs- und Kuhmilch zu leckerem Käse zu verfeinern. Dort kann man diese Vielfalt an Schwarzwälder Käsesorten probieren und kaufen. Durch die direkte Vermarktung ab Hof ist es im Südschwarzwald auch den kleinen Betrieben möglich zu existieren.

Der Naturpark Südschwarzwald trägt mit der Käseroute dazu bei, die traditionelle Landschaft durch Nutzung zu erhalten. Denn die Südschwarzwälder Landwirte halten durch die Beweidung mit ihren Kühen, Schafen und Ziegen die Flächen offen. Durch die Weidewirtschaft wird so eine abwechslungsreiche Landschaft gepflegt und erhalten.

* Den Schwarzwälder »Klassiker«, den Bibiliskäs, kann man mit frischen Zutaten leicht selbst zubereiten:

1 kg Magerquark
½ l süße Sahne
1 Zwiebel
1 Bund Schnittlauch
Salz, Pfeffer

Den Quark durch ein Haarsieb streichen, dadurch wird er locker. Dann die Sahne steif schlagen und unter den Quark heben. Die Zwiebel und den Schnittlauch ganz fein schneiden und dazumischen. Mit Salz und Pfeffer abschmecken. Bibiliskäs isst man zu Brot und Kartoffeln.

**Mehr zur Käseroute unter
www.naturpark-kaeseroute.de**

Käse 183

# Die Käseroute im Naturpark Südschwarzwald

## Schwarzwälder Käse und Laufener Wein

| Käsevariationen | Weine vom Laufener Altenberg |
|---|---|
| Silberdistel Camembert (ChäsChuchi Gersbach) | Weißer Gutedel QbA trocken |
| Gersbacher Frischkäse (ChäsChuchi Gersbach) | Chasslie QbA trocken |
| Fetzenberger Münsterkäse (ChäsChuchi Gersbach) | Pinot Noir blanc de Noirs QbA trocken |
| *** | *** |
| Ziegenfeta (Monte Ziego) | Weißer Burgunder QbA trocken |
| Ziegenfrischkäse (Ringlihof) | Chardonnay »Selection« trocken |
| Gereifter Ziegenkäse (Ringlihof) | Pinot Noir QbA trocken |
| *** | *** |
| Frischkäse mit Pfeffer (Monte Ziego) | Grauer Burgunder Spätlese trocken |
| Schafscamenbert (Langenburger) | Spätburgunder Rosé QbA trocken |
| Schnittkäse mit Chili (ChäsChuchi Gersbach) | Spätburgunder Rotwein QbA trocken »Selection aus alten Reben« |
| *** | *** |
| Frischkäse (Monte Ziego) | Sauvignon Blanc QbA trocken |
| Spielweger Bergkäse (Spielweg) | Muskat-Ottonel Kabinett mild |
| Obermünstertäler Käse (Spielweg) | Gewürztraminer Spätlese |
| Roque Bleu (Langenburger) | Ruländer Eiswein |

Käse 185

# Ziegenkäse im Strudelteig

**8 Ziegenkäse à 80 g (Monte Ziego, Schweighausen)
oder entsprechend portionieren, es sollte junger Ziegenkäse
sein, ansonsten bekommen Sie den typischen
Ziegengeschmack! Salz, schwarzer Pfeffer, Honig, Kräuter
nach Geschmack (wir nehmen Thymian,
Rosmarin und Blattpetersilie aus dem Garten),
Strudelteig TK
(Rezept für 8 Personen)**

### Landidyll-Hotel Hirschen, Oberwolfach

Strudelteig ausbreiten und zuschneiden, portionierten Käse einsetzen, vorsichtig salzen und pfeffern, etwas Honig darüber, Kräuter darauf verteilen und in Strudelteig einschlagen, aber so, dass oben das fertige Päckchen wie eine Blume hübsch aussieht. Ca. 7 Minuten bei 180 °C im Backofen backen.
Der fertige Strudel wird auf einem kleinen Salat angerichtet.

Käse 187

# Schwander Frischkäseterrine mit sommerlichen Salaten und hausgeräucherten Schinkenspezialitäten

**200 g Frischkäse, 4 Blatt Gelatine,
1 Tomate, 80 g geschlagene Sahne, 1 TL Walnussöl,
1 TL Himbeeressig, Prise Salz
(Rezept für 4 Personen)**

## Gasthof-Hotel Sennhütte, Tegernau-Schwand

Terrinenform mit Klarsichtfolie auslegen und andrücken. Tomaten kurz blanchieren, abziehen, entkernen und in Würfelchen schneiden. Frischkäse schaumig rühren, eingeweichte Gelatine auflösen und unterrühren. Abschmecken mit Salz, Himbeeressig und Walnussöl. Geschlagene Sahne und Tomatenwürfelchen unterheben, in Form abfüllen und kalt stellen.
Vinaigrette: Himbeeressig, Walnussöl, Wasser, Salz, Pfeffer und Zucker.

Käse 189

# Ziegenfrischkäse
# mit Thymianhonig überbacken,
# dazu Rucolasalat

600 g Ziegenfrischkäse, 6 EL Honig, 1 Bund Thymian,
3 Bund Rucola, 3 EL alter Balsamicoessig,
3 EL Olivenöl, Salz und frischer Pfeffer
(Rezept für 4 Personen)

### Gasthaus Zähringerhof, Münstertal

6 Thymianstengel zur Seite legen und den Rest zerkleinern. Honig mit dem zerkleinerten Thymian vermengen. Ziegenkäse in etwa 3 cm dicke Scheiben schneiden und auf ein Blech legen. Käse mit dem Honig bestreichen und bei Oberhitze überbacken, bis der Honig goldbraun karamellisiert.
Die übrigen Thymianstengel zum Garnieren auf jede Portion legen.
Rucolasalat: Rucolablätter abzupfen und waschen, Öl, Essig, Salz und Pfeffer zu einem sämigen Dressing verarbeiten. Über den Salat geben und gut vermengen. Käse und Salat auf Teller anrichten.

Käse 191

# Frischkäse mit Erdbeeren

**150 g Ziegenfrischkäse, 3 EL Honig, 1 Prise Zimt, 1 Prise rosa Pfeffer, gemahlen, 1 Prise Salz, 3 EL Zitronensaft, 1 Prise Kakao, Pfefferminzblätter, Erdbeeren, 150 g Sahne (Rezept für 3–4 Personen)**

## Gasthof Holzwurm, Sasbachwalden

Die Sahne mit 2 EL Zitronensaft steif schlagen.
Ziegenfrischkäse mit Honig, Zimt, rosa Pfeffer und Salz in eine Rührschüssel geben. Zitronensaft und Kakao zufügen. Mit einem Schneebesen gut verrühren.
Die geschlagene Sahne unterheben, die Creme in Dessertgläser füllen und kühl stellen. Mit Erdbeeren und Minzeblatt dekoriert servieren.

Käse 193

# Käsemichel®

**4 feuerfeste Auflaufförmchen/Pfännchen
(ca. 18 cm Durchmesser), 4 Münsterkäse, 125–150 g
(original Schwarzwälder Weichkäse Münster Art,
z. B. vom Schwendehof in Lenzkirch
oder Melcherhof in Buchenbach)**
**Teigdeckel: 250 g Mehl, 250 g Butter,
250 g Magerquark, 1 Prise Salz
(Rezept für 4 Portionen)**

## Café Goldene Krone, St. Märgen

Alles zusammen verkneten und mit etwas Mehl ½ cm dick ausrollen, sodass sich 4 runde Deckel (18 cm) ausstechen/ausschneiden lassen.

Aus den Teigresten noch schmale, dünne Streifen ausschneiden und rosettenförmig damit die Deckel verzieren (siehe Bild).

1 Eigelb mit etwas Sahne verschlagen und damit die Deckel bestreichen.

Im vorgeheizten Backofen die Deckel bei 200 °C ca. 15–20 Minuten vorbacken.

Den Käse mehrmals übers Kreuz durchschneiden und in den eingefetteten Auflaufförmchen im Backofen 10–15 Minuten schmelzen lassen. Die vorgebackenen Teigdeckel drauflegen und noch mal ca. 10 Minuten zusammen goldbraun fertigbacken, bis der Käse »blubbert«.

Beilagen dazuservieren: Johannisbeer- oder Holundermarmelade (auch Preiselbeeren schmecken dazu) und grünen Salat.

Käse 195

# Nachspeisen

Die Schwarzwälder Kirschtorte mit ihren etlichen Kalorien und »Promillen« gilt weltweit als das Synonym für die Süßspeise aus dem südbadischen Raum. Natürlich ist sie für jeden Gourmet ein Muss. Allerdings darf dahinter nicht verschwinden, dass die Fülle der Schwarzwälder Desserts und Nachspeisen durchaus von Leichtigkeit getragen wird.

# Karamelisierter Heidelbeerpfannkuchen

1 Hühnerei, 3 EL Mehl, 125 ml Milch,
100 g frische Heidelbeeren, 50 g Zucker, Butter
(Pro Person)

### Gasthof Café Nagoldquelle, Seewald-Urnagold

Aus Mehl, Ei, Milch und etwas Zucker einen Pfannkuchenteig zubereiten.

In Pflanzenöl einseitig backen, zeitgleich die frischen Heidelbeeren auf den Teig geben, leicht eindrücken und wenden.

Auf die gebackene Seite den Zucker und einige Butterflocken verteilen. Mit Schwung wenden und unter gleichmäßigem Schwenken Zucker karamelisieren.

Vorsichtig wenden und sofort auf Teller geben. Restlichen Zuckerkaramel darübergießen und servieren.

Desserts/Nachspeisen

# Erdbeertiramisu mit Rhabarberzabaione und Sumpfdotterblume

500 g Erdbeeren, 100 g Puderzucker, 200 g Sahne,
500 g Mascarpone, 60 g Eierlikör, 250 g Löffelbiskuits,
350 g Orangensaft, Kakao zum Bestäuben.
12 Sumpfdotterblumen, 250 g Rhabarber,
100 g Zucker, 4 Eier, 100 g Weiswein
(Rezept für 6 Personen)

## Berggasthof-Hotel Sonnhalde, Bürchau

Die gesamte Ware zusammenstellen und abwiegen. Die Erdbeeren waschen, putzen und trockentupfen. Danach in kleine Würfel schneiden. Die Sahne steif schlagen. Den Rhabarber rüsten und in grobe Würfel schneiden.

Die Erdbeeren mit der Hälfte des Puderzuckers bestäuben. Den Mascarpone, den Eierlikör und den Rest Puderzucker in einer Schüssel glattrühren und anschließend die marinierten Erdbeeren und die Sahne unterheben. Eine eckige Form mit 2 Löffeln Erdbeer-Mascarpone-Creme ausstreichen.

Das Löffelbiskuit kurz in Orangensaft tauchen und nebeneinander flach in die Form schichten. Die Hälfte der Creme darauf verteilen und glattstreichen. Eine zweite Lage getränktes Löffelbiskuit daraufschichten, mit der restlichen Creme bedecken und glattstreichen.

Den Mascarpone abgedeckt für 2 Stunden in den Kühlschrank stellen. Danach mit dem Kakao bestreuen.

Den Rhabarber mit dem Zucker aufkochen, danach in einem Mixer oder Pürierstab aufmixen. Die Eier mit dem Weiß-wein in einem Wasserbad schaumigschlagen und an-schließend das Rhabarberpüree unterheben.

Aus dem Erdbeertiramisu 2 Nocken ausstechen und zu einem Drittel die Zabaione darüber nappieren. Die Sumpfdotterblume gefällig daneben anrichten.

Desserts/Nachspeisen

# Heidelbeerbömble

**3 Eier, 125 g Zucker, 500 g Sahne,
250 g frisch gezupfte Heidelbeeren, 1 Vanilleschote,
100 ml Kirschwasser
(Rezept für 10 Personen)**

### Schwarzwaldgasthof Hotel Waldfrieden, Todtnau-Herrenschwand

Die Heidelbeeren grob pürieren. Die Eier mit dem Zucker in heißem Wasserbad schaumig schlagen und anschließend in kaltem Wasserbad kalt schlagen. Die Sahne steif schlagen und unter die Eimasse heben.
Anschließend das Heidelbeerpüree vorsichtig unter die Masse heben, mit Vanillemark und Kirschwasser aromatisieren.

Die Masse in Becherförmchen füllen und 4 Stunden im Tiefkühler fest werden lassen.
Vor dem Servieren die Förmchen kurz in heißes Wasser tauchen, damit sich das Eis besser löst.
Nach Wunsch garnieren, unser Tipp: Heidelbeerkompott, Kirschwasserzabaione, Creme de Cassis.

Desserts/Nachspeisen

# Schwarzwälder Kirschtorte im Glas mit Kirscheis und Soße

4 Eier (Größe M), 125 g Zucker, 1 Prise Salz, 75 g Mehl,
50 g Speisestärke, 1 TL Backpulver, 15 g Kakaopulver,
1 Glas (720 ml) Kirschen, 100 g Zartbitterraspel,
3 EL Kirschwasser, 900 g Schlagsahne, 4 Päckchen
Vanillinzucker, Backpapier, nach Belieben Kirschen
zum Verzieren, 6 Einweggläser
(Rezept für 6 Personen)

### Hotel Schwarzwaldgasthof Rössle, Todtmoos-Strick

Für den Boden Eier trennen, Eiweiß mit den Schneebesen des Handrührgerätes steifschlagen, 100 g Zucker und Salz einrieseln lassen. Eigelb zufügen und unterrühren. Mehl, Stärke, Backpulver und Kakao mischen, portionsweise auf die Eimasse sieben und unterheben. Boden einer Springform (26 cm Durchmesser) mit Backpapier auslegen, Biskuitmasse einfüllen, glattstreichen. Im vorgeheizten Backofen (Elektroherd: 175 °C/ Umluft: 150 °C/ Gas: Stufe 2) 30 Minuten backen. Inzwischen Kirschen in einem Sieb gut abtropfen lassen, Saft dabei auffangen.

Boden aus dem Ofen nehmen, mit einem Messer vom Springformrand lösen und auf ein Gitter setzen. In der Form auskühlen lassen. Anschließend aus der Form lösen, Backpapier abziehen und den Boden 2 × durchschneiden. Mit Ausstechform rund (Durchmesser wie die Gläser) aus dem Boden kleine Törtchen stechen.

Böden mit etwas Kirschwasser beträufeln. Untere Böden in das Glas setzen, Kirschen gleichmäßig darauf verteilen. Inzwischen 800 g Sahne in zwei Portionen mit den Schneebesen des Handrührgerätes steifschlagen. Je 2 Päckchen Vanillinzucker dabei einrieseln lassen. Knapp ¼ der Sahne auf die Kirschen streichen, zweiten Boden daraufsetzen und mit einem weiteren Viertel der Sahne einstreichen. Deckel daraufsetzen.

Torte ca. 30 Minuten kühl stellen. Restliche Sahne steif schlagen, in einen Spritzbeutel mit Sterntülle füllen. Tuffs auf die Torte spritzen und nach Belieben Kirschen hineinsetzen. Törtchen mit Schokoladenraspel und Kirsche verzieren. Mit: Kirscheis servieren.

Desserts/Nachspeisen 205

# Hefeweizen-Tiramisu

60 g Mascarpone, 20 g Zucker,
1 Eigelb, 1 Eiweiß, 6 g Sahne, Spritzer Zitronensaft,
½ Vanilleschote, 12 Löffelbiskuits, 6 g Kakaopulver,
1 Rothaus-Hefeweizen-Zäpfle.
**Leichte Biskuitmasse:** 1 Eigelb, 1 Eiweiß,
30 g Zucker, 16 g Mehl, 6 g Weizenstärke,
Mark von einer ½ Vanilleschote, Staubzucker
(Rezept für 1 Person)

## Brauereigasthof Rothaus, Grafenhausen-Rothaus

Eigelb, 50 g Sandzucker und Mark der Vanilleschote gut, jedoch nicht schaumig verrühren. Eiweiß und restlichen Sandzucker zu Schnee schlagen, der weder schmierig noch flockig werden darf. Diesen unter die Eigelb-Sandzucker-Masse ziehen.

Mehl und Stärke mischen, sieben, in die Masse geben und vorsichtig einmelieren.

Masse auf einem Blech mit Backpapier aufstreichen, bei offenem Zug und mäßiger Hitze (190 °C) bis 10 Minuten backen.

Desserts/Nachspeisen

# Original Schwarzwälder Kirschtorte

**Biskuitboden:** 250 g Zucker, 300 g Mehl,
2 EL Kakaopulver, 7 Eier.
**Tortenaufbau:** 1½ l Sahne, 150 g Zucker,
4 Blatt Gelatine, 4–5 EL Sauerkirschmarmelade,
300 g Sauerkirschen, Kaiserkirschen zum Verzieren,
Schwarzwälder Kirschwasser, Schokoladenstreusel
oder -raspel

### Hotel Engel, Todtnau-Todtnauberg

Biskuitboden: Die Eier mit dem Zucker zusammen ca. 15 Minuten mit dem Rührgerät schaumigschlagen. Mehl und Kakaopulver vermischen, sieben und vorsichtig unter die Masse heben.
Die Masse in eine Ringform 28 cm umfüllen und im Backofen bei 180–200 °C ca. 30 Minuten backen.
Wenn Sie den Biskuitboden aus dem Backofen nehmen, diesen auf den Kopf stellen, damit der Boden gleichmäßig hoch ist.
Gut auskühlen lassen, besser den Boden 1 Tag vorher vorbereiten.
Fertigstellung: Den Boden in 3 gleiche Teile schneiden. Die Sahne mit dem Zucker steifschlagen. Die Gelatineblätter in Wasser einweichen und auf dem Herd flüssig werden lassen – die flüssige Gelatine etwas abkühlen lassen und unter die steife Sahne heben. Die Marmelade und dann die Sauerkirschen gleichmäßig auf dem Boden verteilen, dann mit Kirschwasser beträufeln und eine Schicht Sahne auf die Kirschen verteilen, den nächsten Boden darauflegen und leicht andrücken. Den zweiten Boden ebenfalls mit etwas Kirschwasser beträufeln und eine Schicht Sahne verteilen. Dritten Boden darauf leicht andrücken und wieder mit Kirschwasser be-träufeln. Nun Sahne auf dem obersten Boden und am Rand gleichmäßig verteilen, die restliche Sahne in einen Spritzbeutel füllen und die Torte mit Rosetten, Schokoladenstreusel und Kaiserkirschen verzieren. Torte kalt stellen.

Desserts/Nachspeisen

# Geeiste Zwetschgensuppe mit Kabinettpudding

**Suppe:** 300 g Zwetschgen, ½ l Rotwein,
½ Zimtstange, 120 g Zucker, 3 Blatt Gelatine,
2 cl Zwetschgenwasser.
**Pudding:** 600 g süßes Brot, 50 g Rosinen,
4 Eier, etwas Zimt, Zucker, 300 g Milch
(Rezept für 6 Personen)

## Hotel Nägele, Höchenschwand

Rotwein, Zimt und Zucker aufkochen, die entsteinten Zwetschgen zugeben, weichkochen. Anschließend kurz pürieren und die in kaltem Wasser aufgeweichte Gelatine darin auflösen. Kalt stellen.

Für den Pudding: Das süße Brot mit der Milch einweichen. Die Eier, Zucker und Zimt verrühren, Rosinen dazugeben und mit der Brotmasse vermischen. Die Masse in Formen abfüllen und bei 82 °C 40 Minuten pochieren. Die Zwetschgensuppe in 6 Teller verteilen, den Kabinettpudding stürzen und in der Mitte der Suppe anrichten. Mit Minze ausgarnieren.

Desserts/Nachspeisen

# Erdbeertarte mit gebrannter Vanillecreme und Jogurt-Minze-Eis

**Vanillecreme:** 25 g Eigelb, 20 g Zucker, 100 ml Sahne, 25 ml Milch, 1 Vanilleschote, 1 Blatt Gelatine, 1 EL brauner Zucker.
**Tarte:** 200 g Blätterteig, 100 g Puderzucker, 200 g Erdbeeren.
**Patisseriecreme:** 30 g Zucker, 20 g Weizenstärke, 20 g Eigelb, 20 ml Kirschwasser, 125 ml Sahne, 125 ml Milch, 1 Vanilleschote.
**Jogurt-Minze-Eis:** 300 g Jogurt, 2 Stengel Minze, 2 cl Minzlikör, 200 ml Zuckersirup.
**Garnitur:** Erdbeersoße, Vanillesoße, Zuckergitter, Minzeblätter
(Rezept für 4 Personen)

## Hotel Nägele, Höchenschwand

Vanillecreme: Milch, Sahne und Vanillemark aufkochen. Eigelb und Zucker verrühren, die Milch auf die Eigelbmischung gießen, gut verrühren. Ausgedrückte Gelatine unterrühren. Die Masse ca. 2 cm dick auf ein Blech streichen und im vorgeheizten Ofen bei 90 °C ca. 20 Minuten stocken lassen. Auskühlen und 4 gleiche Formen ausstechen.

Tarte: Blätterteig ca. ½ cm dick ausrollen, mit einem Ausstecher (12 cm Durchmesser) ausstechen. Die Böden im vorgeheizten Ofen bei 200 °C ca. 20 Minuten backen. Von beiden Seiten mit Puderzucker bestäuben und auf dem Grill kurz karamelisieren lassen.

Patisseriecreme: Zucker mit Stärke, Eigelb und Kirschwasser verrühren. Sahne, Milch und Vanillemark aufkochen, Stärkemischung einrühren, nochmals aufkochen, abkühlen lassen.

Fertigstellung der Tarte: Blätterteigböden mit der Patisseriecreme bestreichen und mit den Erdbeeren belegen. Die Tartes im Backofen lauwarm werden lassen. Mit dem Puderzucker bestäuben.

Jogurt-Minze-Eis: Die Zutaten im Mixer aufschlagen und in der Eismaschine gefrieren. Die gebrannte Vanillecreme auf die Tartes legen, mit braunem Zucker bestreuen, mit dem Bunsenbrenner karamellisieren.

Die Tarte mittig auf den Teller setzen, mit der Soße einen Spiegel machen, das Eis draufsetzen und mit Minze und Zuckergitter garnieren.

Desserts/Nachspeisen 213

# Tannenhonig-Parfait mit Sauerkirschen

**2 Eier, 50 g Schwarzwälder Tannenhonig,
250 ml geschlagene Sahne, 2 cl Honigschnaps oder Likör.
Glasierte Sauerkirschen: 250 g Sauerkirschen,
250 ml badischer Rotwein, 2 EL Zucker,
1 EL Speisestärke, 1 Vanilleschote
(Rezept für 4 Personen)**

### Landhaus Lauble, Hornberg

Die Eier in einer Schüssel über dem Wasserbad schaumig aufschlagen. Dann in Eiswasser wieder kaltrühren. Den Honig und den Schnaps zugeben und verrühren. Zum Schluss die geschlagene Sahne vorsichtig unterheben und die Masse in Förmchen füllen und gefrieren.

Glasierte Sauerkirschen: Den Zucker in einem kleinen Topf karamelisieren und mit 200 ml Rotwein ablöschen. Die Vanilleschote aufschneiden und mitköcheln lassen. Dann 1 EL Speisestärke mit dem restlichen Rotwein verrühren und in den Fond geben, um diesen etwas zu binden. Am Schluss die Kirschen zugeben.

Desserts/Nachspeisen

# Crème brûlée von der zartbitteren und weißen Schokolade, mit Erdbeeren in Holunderblütensirup mariniert

250 g Erdbeeren, Holunderblütensirup nach Geschmack.
**Zartbittere Crème brûlée:** 250 ml Sahne, 1 EL Honig, 1 EL Zucker,
70 g zartbittere Kuvertüre, 3 Eigelb.
**Weisse Crème brûlée:** 250 ml Sahne, 1 EL Zucker, 70 g weiße Schokolade, 4 Eigelb
(Rezept für 4 Personen)

## Silence Hotel Adler, Wolfach

Zartbittere Crème brûlée: Die Sahne mit dem Zucker und Honig erhitzen und darin die Schokolade schmelzen. Abkühlen lassen und mit dem Eigelb verrühren.

Hitzebeständige Gläschen zur Hälfte füllen und im Wasserbad bei 90 °C im Ofen stocken lassen.

Weisse Crème brûlée: Zutaten aufkochen, abkühlen lassen und 3 Eigelb einrühren und passieren und auf die gestockte Creme geben und im Ofen fertig pochieren. Mit Puderzucker bestreuen und abbrennen.

Die Erdbeeren waschen, nach Wunsch schneiden und mit dem Holunderblütensirup marinieren und zu der Crème brûlée servieren.

Desserts/Nachspeisen 217

# Rhabarbertarte mit Parfait von Erdbeeren und Weißtannenhonig

**Mürbteigboden:** 100 g Zucker, 200 g Butter, 300 g Mehl, 20 g Eigelb.
**Rhabarber und Royal:** 3 Stangen Rharbarber, 30 g Weizenstärke, 1 Stange Vanille, 80 g Zucker, 100 g Sahne, 200 g Schmand, 150 g Eier.
**Streußel:** 40 g Zucker, 40 g Butter, 50 g Mehl
(Rezept für 12 Personen)

## Schwarzwaldhotel Tanne, Baiersbronn

Mürbteigboden: Zucker mit Butter verkneten, Eigelb dazugeben und zum Schluss das Mehl unterkneten. Den Teig kühl stellen und später ausrollen und in die Tarteform legen.

Rhabarber und Royal: Rhabarber schälen, waschen und in kleine 1 cm dicke Rauten schneiden, diese dann in die ausgelegte Tarteform geben.

Für die Royal: Weizenstärke mit Zucker, Vanille und Sahne verrühren, Schmand zugeben und zum Schluss die Eier unterrühren. Nun die Royal in die Form einfüllen.

Streußel: Zucker und Butter verkneten, danach das Mehl unterarbeiten zu Streußel. Auf der Tarte verteilen und die Tarte nun im Ofen bei 190 °C ca. 45 Minuten backen.

Desserts/Nachspeisen

# Holunderblüten-Jogurt-Torte

**Tortenboden (Rührteig):** 150 g weiche Butter, 150 g Zucker,
1 Prise Salz, 1 Portion Vanillezucker, 2 Eigelb, 2 Eier,
50 ml Milch, 200 g Mehl, 1 TL Backpulver.
**Baiser:** 2 Eiweiß, 150 g Zucker, 2 EL gemahlene Haselnüsse.
Füllung: 500 g Naturjogurt, Saft von ½ Bio-Zitrone,
¼ l Holunderblütensirup, 2 EL gemahlene Gelatine,
½ l steif geschlagene Sahne.
**Holunderblütensirup:** 600 ml Wasser, 500 g Zucker
(Rezept für 8–12 Personen)

## Café Goldene Krone, St. Märgen

Tortenboden (Rührteig): Butter, Zucker, Salz und Vanillezucker schaumig-schlagen. 2 Eigelb, 2 Eier und 50 ml Milch. 200 g Mehl, und 1 TL Backpulver löffelweise dazugeben. Den Rührteig in eine eingefettete 28er-Backform füllen, glattstreichen und bei 180 °C ca. 20 Minuten vorbacken.
Baiser: Eiweiß steif schlagen, Zucker einrieseln lassen. Die Baisermasse auf den Kuchen streichen und gemahlene Haselnüsse drüberstreuen. Bei 180 °C weitere 30 Minuten fertigbacken. Den vorgebackenen Boden in der Mitte durchschneiden. Den unteren Teil auf eine Tortenplatte legen und einen verschiebbaren Tortenring eng um den Boden spannen.
Füllung: Naturjogurt, Zitronensaft und Holunderblütensirup glatt rühren. Gelatine in Wasser auflösen und unterrühren. Steif geschlagene Sahne unterheben.
Einen verschiebbaren Tortenring um den Boden spannen und mit der Masse füllen, den Teigdeckel auf die Masse legen und etwas andrücken. Mindestens 2 Stunden auskühlen lassen.
Holunderblütensirup (ergibt 2 Flaschen je ½ l): Wasser mit Zucker in einem Topf unter Rühren erhitzen, bis sich der Zucker vollständig aufgelöst hat.

Desserts/Nachspeisen 221

# Rhabarberauflauf mit Erdbeeren und Müsli-Eis

400 g Rhabarber (wenn möglich den rosa oder Erdbeerrhabarber), 150 g Zucker,
100 ml Weißwein, evtl. Müller-Thurgau, 4 Eigelb,
2 Eiweiß, ½ Mark von der Vanillestange,
125 g geschlagene Sahne, 250 g Erdbeeren,
1 Bund Pfefferminze, 250 ml Vanilleeis gekauft, oder
hausgemacht, 100 g Müsli (Streichmühle)
(Rezept für 6–8 Personen)

## Landhotel Mühle zu Gersbach, Schopfheim-Gersbach

Rhabarber schälen und in 2 cm lange Stücke schneiden, mit Weißwein, der Hälfte Zucker und dem Vanillemark aufkochen und 10 Minuten ziehen lassen.

Eigelb mit dem Zucker schaumigrühren, geschlagenes Eiweiß und die Sahne unter die Rhabarber heben und in eine flache Auflaufform füllen.

Im Ofen bei 200 °C überbacken. Vanilleeiskugeln im Müsli panieren und mit den Erdbeeren auf dem Auflauf anrichten, mit in feine Streifen geschnittener Minze bestreuen.

Desserts/Nachspeisen 223

# Landschaftspflege auf genussvolle Art

Echte Schaufenster der regionalen Vermarktung heimischer Produkte sind die Naturparkmärkte. Besucher haben dort zudem die Gelegenheit, sich beim Erzeuger direkt über die Herstellung natürlicher Lebensmittel zu informieren. Begleitet werden die über 30 Märkte von Darbietungen traditioneller Handwerkskunst wie Schindelmachen und Löffelschnitzen.

Beim Brunch auf dem Bauernhof, der jeweils am ersten Augustsonntag im Jahr stattfindet, kann man nicht nur Landluft schnuppern und sich auf rund 40 Höfen die Produktion von Lebensmitteln zeigen, sondern auch die hausgemachten Spezialitäten munden lassen.

Durch den direkten Kauf landwirtschaftlicher Produkte wird eine Wirtschaftsform unterstützt, die dazu beiträgt, diese einzigartige Landschaft zu erhalten. Diesem Gedanken folgend, sind in den Naturparken im Schwarzwald Direktvermarktungsbroschüren erhältlich, die die Vielfalt der Schwarzwälder Genüsse erlebbar machen.

Kommen Sie auf die Höfe und Märkte und betreiben Sie genussvoll Landschaftspflege mit Messer und Gabel!

**»Echt Schwarzwald« – die Marke für Qualität und Genuss**
Mit der Marke »echt Schwarzwald« werden landwirtschaftliche Erzeugnisse und Produkte ausgezeichnet, die von ausgesuchten Betrieben aus den Naturparken des Schwarzwaldes kommen. Festgelegte, sehr anspruchsvolle Richtlinien und strenge Kontrollen für die Erzeuger- und Verarbeitungsbetriebe garantieren höchste Qualität und besten Genuss.

Die Vermarktung der mit dem Qualitätsmerkmal »Echt Schwarzwald« versehenen Erzeugnisse und Produkte erfolgt ausschließlich über regionale Wirtschaftskreisläufe. Langfristiges Ziel ist der Erhalt der gewachsenen Kulturlandschaft und die Bewahrung der traditionellen Landwirtschaft im Schwarzwald. Überzeugen Sie sich von der ausgezeichneten Qualität und genießen Sie diese regionalen Spitzenerzeugnisse!

**Qualität und Genuss**

Die Bewahrung der traditionellen Kulturlandschaft im Schwarzwald mit seinen Wiesen- und Weideflächen und die Abnahme der fortschreitenden Bewaldung sind die primären Ziele des eingetragenen Vereins mit geschäftsführender GmbH »echt Schwarzwald«.

Bei der Fleischerzeugung zählt nur Weidehaltung. Durch seine Richtlinien fördert echt Schwarzwald die Erhaltung der bedrohten Grünlandflächen, in dem z. B. für alle landwirtschaftlichen Nutztiere Weidehaltung, zumindest während der Vegetationsperiode, vorgeschrieben wird. Betriebe, die auch außerhalb dieser Monate die Möglichkeit zur Weidehaltung haben, werden angehalten, davon Gebrauch zu machen.

Mit der Auszeichnung der nach den Richtlinien der Erzeugerinitiative hergestellten Produkte als echt-Schwarzwald-Erzeugnisse werden langfristig bessere Absatzmöglichkeiten geschaffen. Die landwirtschaftliche Nutzung der schwer zu bewirtschaftenden, weil teilweise sehr steilen Grünlandflächen wird damit trotz des höheren Zeitaufwandes und der Mehrausgaben für die Landwirte wieder attraktiv.

Das Markenzeichen echt Schwarzwald gibt Sicherheit und Orientierung für den Konsumenten, der sich fest darauf verlassen kann, absolut hochwertige regionale Produkte zu erhalten. Erzeugnisse mit diesem Siegel bieten überdies einzigartige Geschmackserlebnisse.

**www.echt-schwarzwald.de**
**www.naturparkschwarzwald.de**
**www.naturpark-suedschwarzwald.de**

**Naturpark Südschwarzwald e.V.**
**Haus der Natur**
**Dr.-Pilet-Spur 4**
**D-79868 Feldberg**

**Naturpark Schwarzwald Mitte/Nord e.V.**
**Naturpark-Haus**
**Schwarzwaldhochstraße 2**
**D-77889 Seebach**

# Alemannisches Wörterbuch für Essen und Trinken im Schwarzwald

Der alemannische Sprachraum erstreckt sich vom bayerischen Allgäu über Vorarlberg, das württembergische Allgäu, die Schweiz, den badischen Raum bis ins Elsass.

Es ist kein einheitlicher Dialekt, sondern es gibt regionale und oft sogar lokale Unterschiede, deshalb können die nachfolgenden Begriffe durchaus das ein oder andere Mal leicht verändert geschrieben werden:

| | |
|---|---|
| Angge | Butter |
| Bache | weibliches Wildschwein, hier: Schinken, Speckseite |
| Beiz(e/i) | Gaststätte, Kneipe |
| Bechere go | einen trinken gehen |
| Betthupferle | kleiner Happen |
| Bettsaicherli | Löwenzahn, Wiesenschaumkraut |
| Bibbele | kleines Hühnchen |
| Bibliskäs | Weißkäse, Frischkäse, Quark mit Kräutern |
| Bitzler | neuer Wein |
| Bloter, Blunze | Blutwurst |
| Brägele | Bratkartoffeln |
| Breschterli, Broscht | zum Wohle |
| Bubespitzle | Schupfnudeln aus Kartoffeln |
| Buttel | kleine Flasche |
| Bülle | Zwiebel |
| Chääs, Chäs | Käse |
| Chabis | Kohl |
| Chalb | Kalb |
| Chilbi | Kirchweihfest |
| Chrätzer | gärender Wein |
| Chriese | Kirsche |
| Chrieswässerle | Kirschwasser |
| Chrud(-wiggel) | Kohl(-roulade) |
| Chrumbiere | Kartoffel |
| Chrütterli | Kräuterschnaps |
| Chuttle | Innereien |
| Döchterlesalat | Feldsalat |
| Eierdatsche | Rührei |
| Erbere | Erdbeere |
| Fasnetkiichle | Fettgebäck zum Karneval |
| Federweißer | stark gegorener Traubensaft |
| Feschtle | Fest, Party |
| Flädlisubbe | Fleischbrühe mit Pfannkuchenstreifen |
| Flammkuche | Hefeteig mit Zwiebeln, Speck und Sauerrahm |
| Gaus/Gauser | Gans/Ganter |
| Gaißemilch | Ziegenmilch |
| Giegen | Brot |
| Gitzi | junge Ziege |
| Gmies | Gemüse |
| Grießpfludde | Griesklöße |
| Gschpritztes | Radler, Bier mit Limonade |
| Gückel | Hahn |
| Guckummere | Gurke |
| Hanstribele | Johannisbeeren |
| Herdepfel(stock) | Kartoffeln(brei) |
| Hutzle | Trockenobst, Dörrobst |
| Igmachts | Eingemachtes |
| Kinnbäckle | geräucherte Schweinebacke |
| Knöpfle | badische Spätzle |
| Kratzete | zerhackter Pfannkuchen |
| Krautwickel | Kohlroulade |
| Kuttle | Kutteln (Blättermagen der Kuh) |
| Mischtkratzerle | Hähnchen, Brathähnchen |
| Moschd | gegorener Apfelsaft, Most |
| Mues | Marmelade |
| Snüni | Vesper um 9 Uhr morgens |
| Pederle | Petersilie |
| Pflümli | Pflaumen |
| Räs | scharf, gesalzen, würzig |
| Rechnig | Rechnung |
| Reddig | Rettich |
| Riebelesuppe | Suppe mit Mehl-Ei-Teig |
| Schdumpe | Zigarre |
| Schlachtplatte | Gericht mit frischem Kesselfleisch, Blut- und Leberwurst, Sauerkraut |
| Stockmilch | Dickmilch |
| Striebele; Striebli | im Fett ausgebackene Teignester |
| Sunnewirbele | Feldsalat |
| Surkrutt | Sauerkraut |
| Süüli | Spanferkel |
| Suur | sauer |
| Suure Kuttle | saures Gericht aus dem Blättermagen der Kuh |
| Treschter | Traubenreste beim Keltern (für Schnaps) |
| Veschpere | Zwischenmahlzeit |
| Weckle | Brötchen, Semmel |
| Weihe | flacher Hefekuchen |
| Wellfleisch | Kesselfleisch |
| Zmiddaag | Mittagessen |
| Zobehne | Abendessen |
| Zapfe | Flaschenkork |
| Zvieri | Nachmittagsvesper |

# Die genauen Anschriften unserer beteiligten Naturparkköche aus dem Schwarzwald

**Berggasthof-Hotel Sonnhalde**

Untere Sonnhalde 37, 79683 Bürchau
www.sonnhalde-buerchau.de
Seiten 70, 168, 200

**Berghotel Wiedener Eck**

Oberwieden 15, 79695 Wieden
www.wiedener-eck.de
Seite 140

**Brauereigasthof Rothaus**

Rothaus 2, 79865 Grafenhausen-Rothaus
www.brauereigasthof-rothaus.de
Seiten 68, 206

**Café Goldene Krone**

Wagensteigstrasse 10, 79274 St. Märgen
www.cafe-goldene-krone.de
Seiten 194, 220

**Gasthaus und Pension »Zum Schützen«**

Poststrasse 3, 78132 Hornberg
www.schuetzen-hornberg.de
Seiten 32, 158

**Gasthaus Zähringerhof**

Stohren 10, 79244 Münstertal
www.zaehringerhof.de
Seiten 72, 190

**Gasthof Café Nagoldquelle**

Urnagold 2, 72297 Seewald-Urnagold
www.gasthof-nagoldquelle.de
Seiten 36, 116, 198

**Gasthof Holzwurm**

Am Altenrain 12, 77887 Sasbachwalden
www.holzwurmwirt.de
Seiten 46, 74, 192

**Gasthof Linde**

Obere Hauptstrasse 10, 79843 Löffingen
www.linde-loeffingen.de
Seiten 64, 98, 148

**Gasthof Schwarzwaldhaus**

Am Kurpark 26, 79872 Bernau
www.sbo.de/schwarzwaldhaus
Seite 56

**Gasthof Sommerau**

Sommerau 5, 79848 Bonndorf
www.sommerau.de
Seiten 76, 108

**Gasthof-Hotel Sennhütte**

Schwand 14, 79692 Tegernau-Schwand
www.sennhuette.com
Seiten 58, 188

**Hotel »zum letzten G'stehr«**

Wolftalstrasse 17, 77776 Bad Rippoldsau-Schapbach
www.gstehr.de
Seite 152

**Hotel Adler im Bärental**

Feldbergstrasse 4, 79868 Feldberg-Bärental
www.adler-feldberg.de
Seiten 34, 52, 112, 172

**Hotel Die Halde**

Halde 2, 79254 Oberried-Hofsgrund
www.halde.com
Seiten 88, 104, 106

**Hotel Engel**

Kurhausstrasse 3, 79674 Todtnauberg
www.engel-todtnauberg.de
Seite 208

**Hotel Gasthof Hirschen**

Fischbach, 79859 Schluchsee
www.hirschen-fischbach.de
Seiten 42, 90

**Hotel Lawine**

Fahl 7, 79674 Todtnau-Fahl
www.lawine.de
Seite 114

**Hotel Nägele**

Bürgermeister-Huber-Strasse 11, 79862 Höchenschwand
www.hotel-naegele.de
Seiten 20, 54, 92, 164

**Hotel Reppert**

Adlerweg 21–23, 79856 Hinterzarten
www.reppert.de
Seite 66

**Hotel Restaurant Sonne St. Peter**

Zähringerstrasse 2, 79271 St. Peter
www.sonneschwarzwald.de
Seiten 44, 62, 166

**Hotel Schwarzwaldgasthof Rössle**

Kapellenweg 2, 79682 Todtmoos-Strick
www.hotel-roessle.de
Seiten 120, 204

### Hotel Schwarzwaldhof

Freiburger Strasse 2, 79856 Hinterzarten
www.schwarzwaldhof.com
Seite 144

### Hotel Waldblick

Eihelbachstrasse 47, 72250 Freudenstadt
www.waldblick-kniebis.de
Seiten 24, 128

### Hotel-Restaurant Zum fröhlichen Landmann

Hausmatt 3, 79585 Steinen-Kirchhausen
www.hotel-landmann.de
Seite 94

### Landgasthof Löwen

Eschbachstrasse 121, 72218 Wildberg-Schönbronn
www.hotel-loewen-schoenbronn.de
Seite 100

### Landhaus Lauble

Forenbühl 65, 78132 Hornberg
www.landhaus-lauble.de
Seiten 132, 214

### Landhotel Mühle zu Gersbach

Zum Bühl 4, 79650 Schopfheim-Gersbach
www.muehle.de
Seiten 160, 174, 222

### Landidyll-Hotel Restaurant Albtalblick

St. Blasier Strasse 9, 79837 Häusern
www.albtalblick.com
Seiten 82, 136

### Landidyll-Hotel zum Kreuz

Landstrasse 14, 79286 Glottertal
www.zum-kreuz.com
Seiten 48, 102

### Landidyll-Hotel Hirschen

Schwarzwaldstrasse 2, 77709 Oberwolfach
www.hotel-hirschen-oberwolfach.de
Seiten 84, 186

### Rombach Nostalgie Gastronomie – Zum Kreuz – Kritzwirts-Schiere

Scheuergasse 1, 79271 St. Peter
www.gasthof-zumkreuz.de
Seiten 26, 86, 122

### Schäck's Adler

Waldkircher Strasse 2, 79215 Elzach-Oberprechtal
www.schaecks-adler.de
Seite 130

### Schwarzwaldgasthof Hotel Waldfrieden

Dorfstrasse 8, 79674 Todtnau-Herrenschwand
www.hotel-waldfrieden.eu
Seiten 22, 60, 202

### Schwarzwaldgasthof zum »Waldhüter«

Gässle 7, 79650 Schopfheim-Gersbach
www.zumwaldhueter.de
Seiten 40, 156

### Schwarzwaldgasthof zum Goldenen Adler

Hauptstrasse 58, 79254 Oberried
www.goldener-adler-oberried.de
Seiten 38, 146

### Schwarzwaldhotel Tanne

Tonbachstrasse 243, 72270 Baiersbronn
www.hotel-tanne.de
Seite 218

### Seehotel Wiesler

Strandbadstrasse 5, 79822 Titisee
www.seehotel-wiesler.de
Seiten 30, 124

### Silence Hotel Adler

St. Roman 14, 77709 Wolfach
www.silencehotel-adler.de
Seiten 80, 176, 216

### Spielweg Romantik Hotel

Spielweg 61, 79244 Münstertal
www.spielweg.com
Seiten 126, 154

### Vital-Hotel Grüner Baum

Gastro-Team Albiez GmbH
Schauinslandstrasse 3, 79674 Todtnau-Muggenbrunn
www.gruener-baum-todtnau.de
Seite 28

### Waldhotel am Notschrei

Gastro-Team Albiez GmbH
Freiburger Strasse 56, 79254 Oberried
www.albiez-team.de
Seite 142

### Waldhotel Palmspring

Palmspring 1, 77740 Bad Peterstal-Griesbach
www.palmspring.de
Seiten 118, 138

### Wellness & Natur Resort Schliffkopf

Schwarzwaldhochstrasse , 72270 Baiersbronn
www.schliffkopf.de
Seite 150

### Wochner's Hotel Sternen

Dresselbacher Strasse 1, 79859 Schluchsee
www.sternen-schluchsee.de
Seiten 178, 180

# Die Autoren

### Klaus-Günther Wiesler

Klaus-Günther Wiesler wurde 1960 in Freiburg im Breisgau geboren. Er ist seit über zwanzig Jahren Geschäftsführer und Inhaber des 4-Sterne-Ferien- und Wellnesshotels »Seehotel Wiesler« direkt am Titisee.

Nach der Ausbildung zum Koch, Küchenmeister und Hotelkaufmann bildete er sich im In- und Ausland fort, u. a. in Paris, San Francisco und Palo Alto, CA.

Für die konsequente ökologische und nachhaltige Führung seines Hotels wurde er mit den höchsten nationalen und internationalen Preisen geehrt.

Zu seinen großen Leidenschaften zählen die sportliche Betätigung, insbesondere das Fahrradfahren und der Skilanglauf in der schönen Schwarzwaldlandschaft. Wiesler gilt als einer der Pioniere des Windsurfens und hat in zahlreichen Ausdauersportarten (Biathlon, Triathlon, vor allem aber Radrennen) schon internationale Wettbewerbe gewonnen. Wiesler ist Mitgründer und Vorsitzender der Naturparkwirte im Südschwarzwald.

### Lothar Burghardt

Lothar Burghardt (Jahrgang 1946) stammt aus Bad Wörishofen im Allgäu und ist seit vierzig Jahren im Tourismus tätig mit Schwerpunkt in der Gesundheitswirtschaft.

Der diplomierte Wirtschafts- und Sozialwissenschaftler berät seit fünf Jahren Tourismusorganisationen im Hochschwarzwald und daneben auch die Naturparkwirte im Südschwarzwald in Marketingfragen. Die Idee seines Freundes Klaus-Günther Wiesler für ein Kochbuch der Schwarzwälder Naturparkwirte fand er als begeisterter Hobbykoch sofort faszinierend – und machte sich auch gleich an die Planung.

Der Leistungssport (Mittelstrecken) liegt zwar bei Burghardt schon etwas länger zurück als bei Wiesler, dennoch versucht er sich nicht nur durch Golfen und Radeln, sondern auch durch gesunde Ernährung fit zu halten.
Wenn er durch die Welt reist, ist die Kulinarik immer auch sein Hauptaugenmerk, »junk food« und »convenience« sind ihm ein Graus.

## Bildnachweis

- Food-Fotografie (und teilweise Porträts und Hausfotos): Roland Krieg Fotodesign, Waldkirch
- Naturpark Südschwarzwald e. V., Feldberg
- Hochschwarzwald Tourismus GmbH, Hinterzarten
- Archive der beteiligten Naturparkwirte

## Dankeswort

Unser erster Dank geht an die Kolleginnen und Kollegen der Naturparkwirte im gesamten Schwarzwald, die keine Mühe gescheut haben, um feine Rezepte zusammenzustellen, kleine Küchengeheimnisse zu verraten und sich für die aufwendigen Foodaufnahmen zu abgesprochenen Terminen eingefunden haben. Der erhoffte Erfolg des Kochbuches möge es ihnen lohnen!

Besonderer Dank gilt dem Fotodesigner Roland Krieg aus Waldkirch, mit dessen Engagement für die schwierige Foodfotografie wir einen Glücksgriff getan haben. Er hat konsequent und unbeirrbar sein Konzept der klaren Bildsprache um- und durchgesetzt, dabei manchen Skeptiker überzeugt und schließlich alle Beteiligten begeistert.

Bedanken möchten wir uns auch beim Naturpark Südschwarzwald e. V., beim Geschäftsführer Roland Schöttle und dem Pressesprecher Boris Kauth, die uns nicht nur textlich und mit guten Ratschlägen geholfen haben, sondern sich auch für die Publizität des neuen Werkes einsetzen.

Ein herzliches Dankeschön geht schließlich an den Friedrich Reinhardt Verlag: Verlagsleiter Alfred Rüdisühli hat unsere Idee von einem Kochbuch der Schwarzwälder Naturparkwirte ohne Umschweife aufgegriffen, Projektleiterin Beatrice Rubin war uns dann eine verständnisvolle und geduldige Begleiterin.

Klaus-Günther WieslerLothar Burghardt